大成陶书
DACHENGTAOSHU

走遍成都

主编 ◎ 周 珊

成都是国家历史文化名城，古蜀文明发祥地，中国十大古都之一

四川大学出版社
SICHUAN UNIVERSITY PRESS

图书在版编目（CIP）数据

走遍成都 / 周珊主编． — 成都：四川大学出版社，2022.12（2024.9重印）

ISBN 978-7-5690-5516-0

Ⅰ．①走… Ⅱ．①周… Ⅲ．①成都－地方史－初中－乡土教材 Ⅳ．① G634.591

中国版本图书馆CIP数据核字（2022）第107727号

书　　名：走遍成都
　　　　　Zoubian Chengdu
主　　编：周　珊

选题策划：王　军　段悟吾　张艺凡
责任编辑：曹雪敏
责任校对：李畅炜
装帧设计：墨创文化
责任印制：王　炜

出版发行：四川大学出版社有限责任公司
　　　　　地址：成都市一环路南一段24号（610065）
　　　　　电话：（028）85408311（发行部）、85400276（总编室）
　　　　　电子邮箱：scupress@vip.163.com
　　　　　网址：https://press.scu.edu.cn
印前制作：成都墨之创文化传播有限公司
印刷装订：成都金阳印务有限责任公司

成品尺寸：170mm×240mm
印　　张：16.25
字　　数：253千字

版　　次：2022年12月　第1版
印　　次：2024年9月　第2次印刷
定　　价：68.00元

本社图书如有印装质量问题，请联系发行部调换

版权所有　◆　侵权必究

扫码查看数字版

四川大学出版社
微信公众号

《走遍成都》编委会

主　　编：周　珊
副 主 编：张　琪　叶红梅　赵思维
编委主任：张　舟　陈滢予
编　　委：（按姓氏笔画排列）

王珍珠	邓　琳	龙　跃	龙佳豪	卢小蓉	白承霞	刘　均	刘　虹
刘成伟	刘祥福	阳　波	苏　伟	杜　蕾	李　华	李　丽	李　燕
李星芮	杨芙蓉	杨佳丽	肖　琦	吴云莹	吴胜男	何　敏	汪彦君
张　茂	张　怡	张　艳	张宝丹	陈　航	陈　薇	欧阳雪	罗晓婷
屈冬琪	赵玉馨	胡　蝶	钟　明	袁　治	袁　敏	聂倩玉	晏　莉
钱　芳	徐晓丽	徐溢蔓	唐志琼	唐秀丽	涂邵翀	彭　刚	葛　悦
蒋　玲	蒋志诚	辜婧晖	曾　尧	谢应兆	廖浩然	廖敦才	潘叔端
潘晓辉	燕　欣						

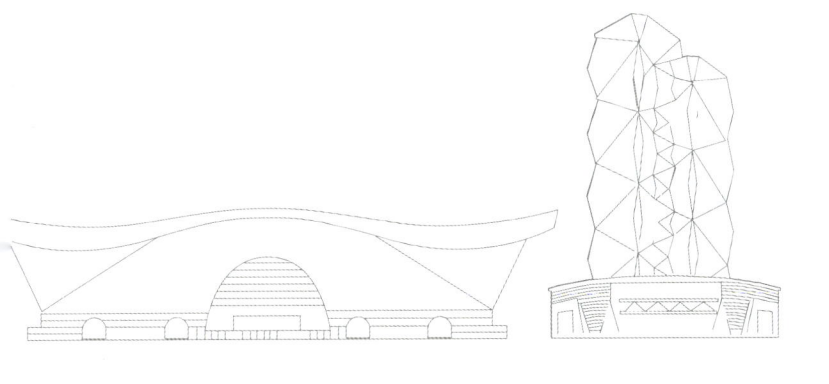

序言 XUYAN

九天成都

成都的学校，尤其初中，给学生讲家乡的故事，把地美物丰、民俊文重带进他们的心田，浸润他们的情感，是十分重要的课程安排。经过二十几年探索，各校的实践经验已经不薄。

三千年立城，成都未曾迁移，讲述如斯厚重之历史必须分配在各个学段去实施，任务的艰难显而易见。而且，怎样实施，个中的组织和方法，因段而作，很有创新考量的空间；具体操作则不必只看重内容，就方法区分学段学习重点也是此间考量的一个关窍。

成都市七中育才学校学道分校所编写的《走遍成都》，思想和设计富于新鲜感，使读者感受到扑面而来的丽质。编写者选取成都古往今来极具代表性的胜景佳境，将成都之灿然呈现于读者眼帘，明丽动人。在本书中，成都的气质风貌透过三十余幅大型画面跃然而出，集知识传授与动手实践于一体，以实现教育目的目标。"遍"而有分量。

知行合一，"无行不知"。本书编写者精于教育的这种要旨，这是本书在编写方法方面的看点亮点。多数人在教授这类知识的当儿，不怀疑其有趣，只顾一股脑儿说下去。比起这种边学边动手，不仅使学生兴趣缺缺，融会吸收效果也不济。学道的校本课程，供学生使用，把"做"放得很重，学练结合，深得课改的精髓，值得特别肯定。

课程内容重在选择。九天成都真正要走遍谈何容易？也无此必要。这本书写关于成都的知识，选定目标之后写述评，每一处不到 500 字；阅读之后设有动手作业，对所学所知，既巩固又加深，很得要领，也不负走遍的旨趣。

当下，在爱国主义教育项目里，实施关于地方或者故居的教育渐渐形成共识，下一步就要研讨怎样写好，写得使人爱不释手。让读者动手是一种答案。对于中小学，这课题做好了，善莫大焉。陶行知论人生教育，特别重视身边的人事和已然流传的精神财富，学道这本书，以"做"为学纲，"识"和"做"

交融，达于这种目标，很值得交流和学研。他们把"做"的部分放得很重，体现了"无行不知"的精神。他们在相关的"做"上勤下功夫，是勤勉创造和匠意思考的成果。

中国著名基础教育专家

成都师范学院教授

中国陶行知研究会原副会长

成都市陶行知研究会会长

目 录
CONTENTS

第一章　人与自我 ·· **001**

探物种多姿多彩　惜生命难能可贵 ··········· 003
敬畏自然话安全　减灾避险筑防线 ··········· 011
珍爱生命禁毒品　关爱未来防艾滋 ··········· 019
黑暗中别样对话　阳光下用心沟通 ··········· 031
春种时扶锄而耕　秋收时农桑满筐 ··········· 038
丈量理想立标尺　规划人生强国基 ··········· 045

第二章　人与自然 ·· **051**

探秘成都活水源　师法自然净水来 ··········· 053
访熊猫乐园基地　扬和谐共生意识 ··········· 061
花舞人间寻芬芳　人舞花间悟内涵 ··········· 069
访生态乡野绿地　享湖畔花海春韵 ··········· 080
骑行绿道天府游　健康生活伴我行 ··········· 087
游多彩植物王国　悟生命气节风骨 ··········· 093
游极地海洋世界　忧动物保护问题 ··········· 100

第三章　人与文化···107

古蜀金沙探起源　文物珍宝解奥秘·················109
亲水都江拜古堰　探幽青城访道家·················117
武侯祠里话孔明　鞠躬尽瘁济天下·················128
爱国孤惊薄斗牛　锦官城中寻草堂·················140
品尝天府之美食　传承巴蜀之文化·················151
探寻非遗展风采　传承文化立根基·················159
此心安处是吾乡　客家文化焕霞光·················167
红色建川祭英烈　爱党爱国爱生活·················175
宽蓉市井寻古迹　窄巷深处知人烟·················182
花重锦官映巴蜀　浓墨重彩绘文物·················188
书香浸润求知路　技术助力新探索·················194

第四章　人与社会···201

师生同心学党史　红色精神促发展·················203
乘坐地铁看家乡　感悟天府新文化·················210
感人文历史底蕴　观未来规划发展·················217
时代少年进社区　志愿服务助成长·················223
希望牧场探奶源　健康安全促成长·················229
参与庭审零距离　感受法律真魅力·················235
迈进魅力科技馆　"问""寻""生"中去体悟·················241

后记···247

第一章 人与自我

《周易·系辞传》："天地之大德曰生。"每个人都是独一无二的个体，认识生命的独特性，认识到自己的禀赋，有助于我们增强对自己的信心，理解人生的意义与生命的价值，更好地发展自己的能力。

这一章，我们将走进生命奥秘博物馆，感受生命的神圣伟大；走进四川省防灾减灾教育馆，学习生命的安全之道；在黑暗中对话，架起生命的沟通桥梁；走进劳动教育实践基地，体悟生命的劳动之美；参观禁毒中心，守护生命的健康成长；走近名校，塑造生命的价值与创造。

通过本章的学习，希望我们能够正确认识自我、善待自我，实现与自我的和谐共处；培养积极向上的生活态度，主动迎接生活的磨难；树立拼搏进取、奋发有为的价值观和人生观，成为有理想、有本领、有担当的社会主义建设者和接班人。

崔乘 绘

探物种多姿多彩　惜生命难能可贵

一、知识一览

成都生命奥秘博物馆坐落于成都市中心——天府广场，于2015年开馆，是目前世界上最真实、最全面、最系统的揭示脊椎动物进化历程的自然综合类博物馆之一。该馆展区面积超过2200平方米，分为"人体的奥秘"和"达尔文的证据"两个主题展厅。厅内珍贵展品共计1000余件，其中不乏珍稀物种标本。藏品均采用生物塑化技术将组织保存下来，与真实活体十分接近。在这里，你可以看见平时无法观察到的人体内部世界，详尽了解从海洋到陆地各种动物的身体结构，初步了解生物进化理论的有力证据，深刻认识生命的美好与脆弱，由此关注生命健康，珍爱生命，思考人生意义，努力创造生命精彩。

生命奥秘博物馆

二、活动目标

通过参观生命奥秘博物馆，让学生了解丰富多彩的物种，学习脊椎动物进化史，尤其是脊椎动物的起源。让学生通过体悟式学习，收获直观的生物学知识。

探寻人体奥秘，了解人体的构造和生活方式与人体健康之间的密切关系，激发学生进一步探寻人体奥秘的热情，鼓励学生在今后的生活与学习中，创造更多精彩。

探究生命起源，了解生命故事，接受深刻的生命教育。通过完成创意作品，培养学生的团队协作能力，增进亲子沟通，提升学生的问题解决和研究型学习能力。在后续的生活与学习中，让学生带着对生命的热爱之情，书写出属于自己的精彩人生。

三、活动准备

（一）问题探究

主问题：生命的奥秘是什么？如何活出生命的精彩？

子问题1：大自然中多姿多彩的生命奥秘是什么？

子问题2：我们如何珍爱生命，书写自己精彩的人生？

（二）前期准备

1. 学生准备

通过资料查阅，了解生物学知识，尤其是脊椎动物进化史等相关知识；查阅知识，了解健康生活相关知识；开展亲子访谈，了解自己的生命历程与成长故事。

2. 教师准备

提前与成都生命奥秘博物馆联系接洽，确认活动时间，各个场馆可供参加的活动项目，每个项目学生的参与方式与人数。

四、活动过程

（一）活动流程

流程一	组织学生集合，强调安全要求及文明礼仪，乘车前往生命奥秘博物馆
流程二	学生以班级为单位，在老师的带领下走进生命奥秘博物馆
流程三	聆听博物馆工作人员对场馆的介绍，参观博物馆各场馆并进行记录，开展现场学习
流程四	组织学生返校，做活动总结，老师布置后续作业（作业分为三项，其中小组作业两项，包括创意作品汇报单和博物馆参观记录单，学生根据自己情况，综合小组学习成果，任选其一完成并于规定时间内上交；个人作业一项，即完成一份题为"我的生命历程"的访谈报告）

（二）活动探究

1. 探寻生命奥秘

学生以小组为单位进行综合体验，围绕生物进化，尤其是脊椎动物进化史，以及人体奥秘和健康生活方式等知识，探寻生命奥秘。每组选定一个关键问题，根据组员的兴趣特长，在集体讨论的基础上，以创意作品的方式呈现本小组的学习成果。

作品类型多种多样，包括书面类、制作类。书面类包括研究报告、建议书、成型的方案、书信、专题文章／论文、诗歌、人物传记、书评、小册子、书刊、调研报告、海报、简报、调查表、概念图、示意图等。制作类包括实物模型、视频、音频等。在小组内，确定作品创意与制作流程，进行分工。

学生填写如下生命奥秘探索的创意作品汇报单。

作品名称	
作品创意（内容、呈现方式、特点……）	
制作流程	

制作分工	步骤	完成时间	负责人

根据研习主题，学生填写如下博物馆参观记录单。

班级		调查人员	
调查时间		博物馆名称	

此次参观研究目的是什么？

博物馆中我最感兴趣的一处是什么？为什么？

人与自我

我打算以后怎样继续研究我感兴趣的内容？

此次参观的收获和感想是什么？

请将参观照片打印贴在背面。

2. 开展亲子访谈

学生运用多种形式，访谈自己生命中的重要人物，比如父母或者其他亲友。请他们分享父母在孕育自己的过程中的小故事，以及自己成长过程中的重要事件，尤其是自己生命中的挫折。访谈可用多种形式呈现，如撰写访谈报告，拍摄访谈视频，制作自己生命历程小博客，等等。"我的生命历程"访谈提纲如下：

姓名		性别	
我的出生孕周		出生医院	
出生时间		出生时的身长/体重	
我生命中有哪些重要的"ta"？			
妈妈在孕育我的过程中，第几周感受到我的存在？			
妈妈在孕育我的过程中，有没有什么不适感？			
妈妈在孕育我的过程中，觉得最幸福和最困难的时刻是？			
从我出生到现在，生命中最重要的时刻有哪些？（可由访谈对象分享，比如成长中取得重大进步、遭遇挫折的时刻等）			
我希望我的生命能实现什么样的精彩？			

(三)活动评价

评价内容	评价标准	自我评价	小组评价	老师评价
活动态度	积极热情主动 ★★★★ 积极热情但欠主动 ★★★ 态度一般 ★★ 态度差 ★			
团队协作	团队协作意识强,任务完成好 ★★★★ 团队协作意识较强,任务完成较好 ★★★ 团队协作意识与任务完成一般 ★★ 团队协作意识与任务完成较差 ★			
活动过程	遵守并维护社会规则,清洁卫生保持好 ★★★★ 遵守社会规则,清洁情况不错 ★★★ 秩序、清洁情况一般 ★★ 秩序或清洁情况较差 ★			
文明礼仪	校服整洁、用语文明、彬彬有礼 ★★★★ 校服干净、用语文明 ★★★ 着装整洁度与用语文明情况一般 ★★ 着装整洁度与用语文明情况较差 ★			
活动成果	善于思考、创新,收获非常大 ★★★★ 积极参与成果制作,收获较大 ★★★ 成果贡献一般,收获一般 ★★ 成果贡献较少,收获较少 ★			

通过自我评价,我得到了_____颗星;通过小组评价,我得到了_____颗星;通过老师评价,我得到了_____颗星;我累计得到了_____颗星

活动反思	

五、活动成果

个人博物馆参观记录单，小组创意作品汇报单，个人成长经历报告。

六、活动拓展

了解生物标本塑化技术，小组分工协作，搜集资料，用图文的形式形成一份学习报告。

根据参观学习的成果，综合运用学习中搜集到的素材，选取自己感兴趣的主题（如物种进化过程、最喜欢的脊椎动物、人体的构造、生活习惯与人体健康、珍爱生命等），小组分工协作，完成学习小报。

生命奥秘博物馆中的标本

敬畏自然话安全　减灾避险筑防线

一、知识一览

四川省防灾减灾教育馆位于成都市武侯区武阳大道二段260号，占地总面积约1.18万平方米，2016年正式开馆，面向社会公众免费开放。展区设感受灾害区、认识灾害区、防救灾害区、儿童体验区、临展区。该馆是汶川特大地震后四川省政府根据国务院《汶川地震灾后恢复重建总体规划》筹建，旨在推动防灾减灾教育社会化、群众化、经常化。展览以"防灾·减灾"为展示主题，展示内容覆盖地震、地质、气象、洪水、海洋、森林、农作物生物等七大类自然灾害及人类活动造成的灾害，设有动感影院、灾害博士幻影剧场、地震逃生体验、火灾逃生体验、自救互救技能实践等特色展项。展览主要采用多媒体结合声光电的现代展示手段，让观众在震撼的"观影"与趣味的"演练"中认识灾害，掌握自救互救本领，增强安全防范意识。

近些年来，世界各地各类灾害频发，造成了较大的伤亡，人地关系问题成为21世纪的热点问题，受到广泛关注。我国是一个自然灾害频发的国家，自然灾害给我国人民的生命财产造成了极大的损失。因此，在和平与发展和构建和谐社会的时代大背景下，培养公民的灾害意识已成为不可缺少的重要环节，特别是义务教育阶段对学生开展适当的灾害教育显得尤为重要。

四川省防灾减灾教育馆　　　　　　　感受受灾区

二、活动目标

通过参观四川省防灾减灾教育馆，使学生了解常见的自然灾害。通过分析自然灾害的成因，提高学生对问题的综合分析能力，进而提升他们对灾害严重性的认识，帮助他们从思想上对灾害持有正确的态度。让学生学会热爱自然、尊重自然、敬畏自然，增强学生的社会责任感和使命感。

通过参与防灾减灾自救活动，综合视觉、听觉、触觉等方面的多维感受，体验感知自然灾害的巨大破坏力和影响力，让学生深刻地认识到生命的可贵与脆弱，增强灾害意识、防护意识和忧患意识，认识到人与自然和谐共处的重要性。

通过活动实践和讲座讲解，培养学生的防灾自救能力，让学生掌握主要自然灾害发生时的逃生技能，提升学生的自我保护意识和能力，增强学生对人地关系问题的认识与理解。

三、活动准备

（一）问题探究

主问题：常见的自然灾害及诱发成因有哪些？如何培养学生的灾害意识和减灾避灾能力？

子问题1：常见的自然灾害有哪些？其成因是什么？

子问题2：自然灾害的发生给我们带来了哪些危害？

子问题3：这些灾害（如地震、泥石流、滑坡等）发生的时候，我们应该如何逃生？

子问题4：为降低自然灾害的危害，我们能做些什么？有哪些是可人为解决的？

（二）前期准备

1. 学生准备

查阅有关自然灾害的资料，如"5·12"汶川大地震、"3·11"日本地震、2019年澳大利亚林火、2018年美国山火等的相关信息（选取2—3个）。

2. 教师准备

制作有关自然灾害的视频《一分钟了解自然灾害》和近年来中国主要自然灾害统计图。

四、活动过程

（一）活动流程

流程一	组织学生集合，强调安全要求及文明礼仪，乘车前往四川省防灾减灾教育馆
流程二	到达四川省防灾减灾教育馆，准备参观
流程三	参观场馆内的认识灾害区、感受灾害区
流程四	学生分小组交流讨论
流程五	学生集体聆听防灾减灾安全教育讲座
流程六	组织学生返校，做活动总结

气象灾害介绍

滑坡灾害介绍 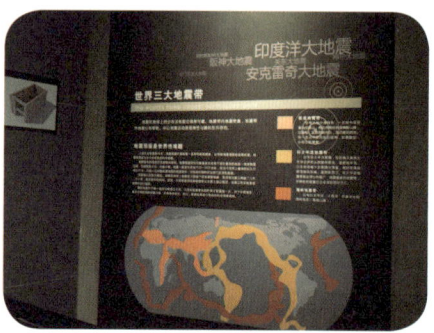　　　　　　　　　地震带介绍

（二）活动探究

1. 探究自然灾害

（1）各班依次参观认识灾害区，学生回答以下问题：你知道的自然灾害有哪些？你印象最深刻的灾害事件有哪些？

人与自我

（2）记录地震、泥石流、滑坡、洪涝、台风、火灾等自然灾害的成因、危害和防治措施。

灾害名称	成因		危害	防治措施
	自然因素	人类活动		
地震 （地质灾害）				
泥石流 （地质灾害）				
滑坡 （地质灾害）				
洪涝 （气象灾害）				
台风 （气象灾害）				
火灾	森林火灾			
	建筑物火灾			
其他				

2. 亲历灾害体验区

在感受灾害区，以班级为单位，在讲解员的带领下，进入地震体验平台和火灾体验平台，结合视觉、听觉等模拟效果，感受灾害的破坏性和生命的脆弱性。学生回答以下问题：

（1）体验地震和火灾后，你有什么直观的感受？

（2）这些常见自然灾害的发生给我们带来了哪些危害和创伤？

3. 揭秘逃生技能

专家结合视频资料对常见的自然灾害成因进行更为深入的介绍，并就灾害（如地震、滑坡、泥石流等）发生时开展逃生自救要注意的安全防护措施进行讲解，让学生了解这些自然灾害的基本防护和逃生技能。除了专家讲解以外，老师也可针对不同类别的自然灾害，让学生自主讲授，以演练的形式考察学生应对能力。学生回答以下问题：

（1）通过聆听安全教育讲座和同学们的讲授，你收获了什么逃生技能？

（2）通过本次活动，你对防灾减灾有什么新的认识与理解？为降低自然灾害的危害，我们能做些什么？有哪些是我们可以人为解决的？

（三）活动评价

评价内容	评价标准	自我评价	小组评价	老师评价
活动准备	准备充分 ★★★★ 准备较充分 ★★★ 准备不充分 ★★ 无准备 ★			
活动态度	认真记录，积极思考与参与 ★★★★ 记录完整，积极参与，缺少思考 ★★★ 记录不完整，缺少思考与参与 ★★ 无兴趣参与 ★			
团队协作	团队协作意识强，任务完成好 ★★★★ 团队协作意识较强，任务完成较好 ★★★ 团队协作意识与任务完成一般 ★★ 团队协作意识与任务完成较差 ★			
活动成果	善于思考，感悟深刻，收获丰富 ★★★★ 有一定思考和感悟，收获较大 ★★★ 思考和感悟比较一般，收获一般 ★★ 思考和感悟欠缺，收获较少 ★			

通过自我评价，我得到了_____颗星；通过小组评价，我得到了_____颗星；通过老师评价，我得到了_____颗星；我累计得到了_____颗星

活动反思	

五、活动成果

认识了主要自然灾害的成因、危害及防治措施，掌握了防灾减灾知识技能。

六、活动拓展

中国是一个自然灾害频发的国家，各类灾害对我国人民的生命财产造成了极大的损失。除了防灾减灾教育馆以外，成都还有许多类似的场馆，比如成都理工大学地质博物馆，请学生以小组为单位进行参观，并对其中一种自然灾害，如滑坡、崩塌或泥石流深入探究，了解其成因和逃生方法。各小组对比不同自然灾害并做交流讨论，探寻问题根源，看能否从根本上提供解决方案。

人与自我

珍爱生命禁毒品　关爱未来防艾滋

一、知识一览

成都市的禁毒防艾宣传教育基地，主要分布在成都市各行政区划内的青少年活动中心，隶属于成都市青少年宫。成都市青少年活动中心位于成都市青少年宫九里堤校区，即星科北路66号，占地面积约14.8万平方米。活动中心内设有禁毒教育主题展厅，内容涵盖青少年禁毒教育所需的毒品种类和毒品危害知识等。成都市青少年宫已经形成"一宫多校区"的空间格局、"多部校众项目"的教学格局。成都市青少年宫已经建设成服务成都、辐射西南的以体验教育为核心，集科技体育活动、安全警示教育、营地素质拓展、培训交流、娱乐益智于一体的多功能、综合性青少年校外活动场所。为加强成都市乃至西南片区青少年社会主义核心价值观教育，深入开展青少年社会教育研究与实践，成都市青少年宫坚持公益导向，坚持立德树人，面向社会广泛开展青少年素质教育和实践活动，努力培养和发展青少年核心素养。

成都市青少年活动中心

二、活动目标

针对我国青少年面对的毒品问题，认真贯彻落实习近平总书记关于禁毒工作的讲话精神，打好禁毒人民战争，全面巩固校园禁毒预防成效，紧紧围绕"珍爱生命，远离毒品"活动主题，以创建"无毒校园"为抓手，以毒品危害宣传和青少年预防教育为重点，广泛开展"不让毒品进校园"活动，进一步提高广大师生预防毒品和抵制毒品的能力。

通过开展禁毒防艾活动，帮助青少年从认识毒品、艾滋病的危险出发，主动预防，最终提高青少年识别毒品、艾滋病风险的意识和应对技能，从而主动识险、避险，确保广大青少年学生健康成长。

防艾宣传　　　　　　　　　　　禁毒宣传

三、活动准备

（一）问题探究

主问题：为什么要禁毒防艾？

子问题1：毒品对身体健康有什么危害？

子问题2：艾滋病对人体有什么危害？

子问题3：青少年如何保护自己？

（二）前期准备

1. 学生准备

查阅资料了解毒品和艾滋病相关知识，知道毒品是什么、毒品的种类、毒品的危害以及艾滋病的传染途径与危害等并完成相关问卷；提前做好禁毒防艾教育宣传海报；参观前带好笔和笔记本以及相关资料。

2. 教师准备

收集典型案例并利用禁毒防艾主题活动给学生讲解毒品的危害与艾滋病的风险，让学生更加珍爱生命；提前与禁毒防艾基地或成都市青少年活动中心相关负责人联系，确认活动时间。

3. 其他准备

每个班提前分组并选好组长；带好相机、水、干粮及雨具等。

四、活动过程

（一）活动流程

流程一	组织学生集合，强调安全要求及文明礼仪，乘车前往成都市青少年活动中心
流程二	参观禁毒防艾基地并完成禁毒防艾知识竞赛试题
流程三	完成"防艾向前冲"拓展活动
流程四	组织学生返校，做活动总结，完成禁毒防艾活动小报

（二）活动探究

1. 知识竞赛 & 普及毒品危害知识

(1) 学生在参观场馆后成禁毒防艾知识竞赛试题（见附录）。

(2) 学生以小组为单位讨论并记录毒品的种类、危害和相关法律法规。

毒品种类	
危害	个人：
	家庭：
	社会：
法律法规	

2. 防艾向前冲

（1）学生分组参与防艾向前冲拓展活动：在游戏区域选择起点；掷大型骰子，掷到几点就循着起点指示方向向前移动几格，部分格子内有设置任务，到达有任务的格中应完成指定任务；遇到心形带问号的标识需回答问题，若回答错误，则停一回合；抵达终点视为完成挑战。

防艾向前冲拓展活动场地

（2）老师引导学生了解并记录艾滋病的产生原因和传播途径。

艾滋病产生的原因	
艾滋病传播的途径	

人与自我

（3）小组讨论预防艾滋病传播我们应该做到哪些。通过讲解学习，了解毒品与性、艾滋病病毒与性的关联。

（三）活动评价

评价内容	评价标准	自我评价	小组评价	老师评价
活动准备	准备充分 ★★★★ 准备较充分 ★★★ 准备不充分 ★★ 无准备 ★			
活动态度	积极热情主动 ★★★★ 积极热情但欠主动 ★★★ 态度一般 ★★ 态度差 ★			
团队协作	团队协作意识强，任务完成好 ★★★★ 团队协作意识较强，任务完成较好 ★★★ 团队协作意识与任务完成一般 ★★ 团队协作意识与任务完成较差 ★			

活动过程	遵守并维护社会规则，清洁卫生保持好 ★★★★ 遵守社会规则，清洁情况不错 ★★★ 秩序、清洁情况一般 ★★ 秩序或清洁情况较差 ★		
文明礼仪	校服整洁、用语文明、彬彬有礼 ★★★★ 校服干净、用语文明 ★★★ 着装整洁度与用语文明情况一般 ★★ 着装整洁度与用语文明情况较差 ★		
活动成果	善于思考，收获非常大 ★★★★ 积极参与成果制作，收获较大 ★★★ 成果贡献一般，收获一般 ★★ 成果贡献较少，收获较少 ★		

通过自我评价，我得到了_____颗星；通过小组评价，我得到了_____颗星；通过老师评价，我得到了_____颗星；我累计得到了_____颗星

活动反思	

五、活动成果

禁毒防艾活动小报。

六、活动拓展

以小组为单位在学校或社区完成1—2次宣传普及禁毒防艾知识的活动，并撰写宣传报道。

附录：禁毒防艾知识竞赛试题

1. 根据国际禁毒公约的有关规定，按照药理性质进行分类，毒品可以分为（　　）。
   A. 麻醉药品和精神药品
   B. 兴奋药品和抑制药品
   C. 人工合成药品和天然药品

2. 下列哪些毒品属于兴奋剂类毒品？（　　）
   A. 麦司卡林
   B. 摇头丸
   C. 巴比妥

3. 下列哪些毒品是新型毒品？（　　）
   A. 海洛因
   B. "K粉"
   C. 大麻

4. 新型毒品与传统毒品的区别是什么？（　　）
   A. 传统毒品是人工合成的化学合成类毒品
   B. 新型毒品对人体有"镇静"或"镇痛"的作用
   C. 新型毒品是人工合成的化学合成类毒品

5. 药物依赖性包括（　　）。
   A. 心理依赖和生理依赖
   B. 心理依赖和精神依赖
   C. 生理依赖和身体依赖

6. 经过强制戒毒后又复吸的吸毒人员应该如何处理？（　　）
   A. 再次强制戒毒
   B. 送劳教戒毒
   C. 交由家庭处理

7. 什么是"无毒社区"？（ ）

    A. 没有吸毒、没有贩毒、没有种植原植物和没有制造毒品的社区

    B. 没有一切毒品的社区

    C. 没有吸毒人员的社区

8. 国际禁毒日是每年的（ ）。

    A. 6月26日

    B. 12月26日

    C. 10月26日

9. 世界上第一个国际禁毒公约是（ ）。

    A. 《1971年精神药物公约》

    B. 《海牙禁止鸦片公约》

    C. 《61公约》

10. 我国的禁毒工作方针是（ ）。

    A. 预防为主，综合治理，禁种、禁制、禁贩、禁吸并举

    B. 有毒必肃、贩毒必惩、吸毒必戒、种毒必究

    C. 禁吸、禁贩、禁种、禁制毒品

11. 《中华人民共和国刑法》规定的毒品犯罪的罪名有（ ）个。

    A. 13

    B. 11

    C. 12

12. 非法持有海洛因或"冰毒"（ ）克以上构成犯罪。

    A. 10

    B. 100

    C. 1

13. 下列有关毒品和药品的区别，叙述错误的是（ ）。

    A. 药品是依法合理使用的

    B. 毒品是非法滥用的

    C. 毒品就是药品

14. 下列不属于毒品原植物的是（　　）。

    A. 罂粟

    B. 大麻

    C. 鸦片

15. "冰毒"最先是由哪个国家研制的？（　　）

    A. 美国

    B. 日本

    C. 德国

16. 我国吸毒人员吸食的毒品中，吸食最多的毒品是（　　）。

    A. 传统毒品

    B. 合成毒品

    C. 新精神活性物质

17. 目前，我国主要的戒毒形式除了自愿戒毒和强制隔离戒毒外，还有（　　）。

    A. 社区戒毒

    B. 家庭戒毒

    C. 劳动教养戒毒

18. 《中华人民共和国刑法》规定的贩卖毒品罪的最低刑事责任年龄是（　　）。

    A. 14 周岁

    B. 16 周岁

    C. 18 周岁

19. 艾滋病的全称是（　　）。

    A. 获得性免疫缺陷综合征

    B. 人类免疫缺陷综合征

    C. 感染性人类免疫缺陷综合征

20. 艾滋病最早是于哪年被发现的？（　　）

    A. 1981 年

    B. 1982 年

    C. 1983 年

21. 对艾滋病病毒感染者干预的主要内容是什么？（　　）

    A. 心理、行为支持

    B. 艾滋病知识咨询

    C. 行为干预、心理支持、就医指导

22. 如果发生艾滋病职业暴露后，应在何时进行预防服药效果最好？（　　）

    A. 2 小时内

    B. 24 小时内

    C. 48 小时内

23. 《艾滋病防治条例》于何时开始施行？（　　）

    A. 2005 年 1 月 1 日

    B. 2006 年 1 月 1 日

    C. 2006 年 3 月 1 日

24. 艾滋病防治的"四免一关怀"政策中的"一关怀"是指（　　）。

    A. 关怀艾滋病孤儿

    B. 政府将生活困难的艾滋病感染者和患者纳入救助范围

    C. 关怀农村的艾滋病人

25. 我国防治艾滋病的基本策略是（　　）。

    A. 预防为主、防治结合、综合治理

    B. 坚持突出重点、分类指导、注重实效

    C. 依法防治、科学防治

26. 世界艾滋病日是每年的哪一天？（　　）

    A. 12 月 1 日

    B. 12 月 26 日

    C. 6 月 26 日

27. 艾滋病病毒感染者是指（　　）。

    A. 感染了艾滋病病毒而且已经出现临床症状和体征的人

    B. 接触过艾滋病病毒的人

    C. 感染了艾滋病病毒但还没出现临床症状和体征的人

28. 艾滋病病毒主要破坏人体的什么系统？（　　）

    A. 免疫系统

    B. 神经系统

    C. 血液系统

29. 以下的吸毒行为中，最有可能传播艾滋病病毒的是（　　）。

    A. 吸食毒品

    B. 静脉注射毒品

    C. 数人共用注射器或针头静脉注射毒品

30. 下列哪类人群不属于艾滋病病毒感染的高危人群？（　　）

    A. 性乱交者

    B. 静脉吸毒者

    C. 无偿献血人员

31. 对于HIV／AIDS的诊断，最重要的根据是（　　）。

    A. 具有高危行为

    B. 确认艾滋病病毒抗体阳性

    C. 临床表现

32. 艾滋病的平均潜伏期是（　　）。

    A. 3至4年

    B. 5至6年

    C. 7至10年

33. （　　）是预防经性途径传染艾滋病的根本措施。

    A. 坚持使用避孕套

    B. 拒绝毒品

    C. 洁身自爱、遵守性道德

34. 下列哪项不是急性艾滋病病毒感染的临床表现？（　　）

    A. 发热

    B. 淋巴结肿大

    C. 口腔真菌感染

35. 艾滋病的主要临床表现是（　　）。

　　A. 常见症状有：长期发热，短期内体重减轻 10% 以上、消瘦、乏力、慢性腹泻、慢性咳嗽、全身淋巴结肿大、头痛等

　　B. 常见的感染以卡波西肉瘤最多见

　　C. 以上都正确

答案：1. A　2. B　3. B　4. C　5. A　6. B　7. A　8. A　9. B　10. A　11. C　12. A　13. C　14. C　15. B　16. B　17. C　18. A　19. A　20. A　21. C　22. A　23. C　24. B　25. A　26. A　27. C　28. A　29. C　30. C　31. B　32. C　33. C　34. C　35. A

人与自我

黑暗中别样对话　阳光下用心沟通

一、知识一览

成都黑暗中对话体验馆于2013年正式开馆，位于成都市锦江区滨江东路232号，面积约960平方米。体验馆让参观者在完全漆黑的环境中进行体验活动和培训，通过特殊的场景和活动设计，为视障人士创造能够发挥其才智的就业机会，同时帮助社会大众提升对自我、他人和团队的认知，进而消除社会偏见、促进多元和包容的社会文化发展。参观者最多以8人为一组，在导赏员（视障人士）的指导和陪同下，在75—90分钟的时间中用视觉以外的其他感官去探索精心设计的黑暗展区：游览公园、走过繁华的街市、穿过市场、经过咖啡馆等等。

黑暗中对话体验馆

二、活动目标

体验"黑暗中对话"活动，让学生在黑暗的日常生活场景中，体会视障人士的生活状态，感悟视障人士的困境，培养学生的同理心，让学生学会珍惜生命，树立正确生命观。

通过"集体过桥""数柱子""感受市场氛围"等项目，帮助学生突破个人现实生活中的焦虑与迷茫，提高其他感官感知世界的能力，并让学生在黑暗中与同伴团结协作，真诚对话，增强团队合作意识，树立积极向上的人生观和价值观。

让学生在活动过程中体会视障人士的世界，了解该群体在现实生活中面临的压力，并为维护该群体合法权益提出合理化建议。培养学生发现问题、分析问题和解决问题的综合实践能力，强化学生关爱他人、换位思考的意识，提升学生的个人社会责任感和公共参与能力。

三、活动准备

（一）问题探究

主问题：如何实现对视障人士的人文关怀？

子问题1：体验活动过程中，你认为哪个项目对你来说最困难？

子问题2：你认为视障人士与非视障人士相比有哪些异同？

子问题3：视障人士在生活中会面临哪些问题？我们该如何实现对他们的人文关怀？

（二）前期准备

1. 学生准备

查找视障人士融入社会的情况和面临的困境，并蒙眼体验视障人士的生活状态（20分钟左右）；准备一支笔和一张A4白纸（用于分享个人感受）。

2. 教师准备

制订活动方案，提前与黑暗中对话体验馆负责人接洽，并对学生进行分组；确保学生往返学校途中的人身安全。

3. 其他准备

带好消毒水、创可贴、碘伏等医疗物品。

四、活动过程

（一）活动流程

流程一	组织学生集合，强调安全要求及文明礼仪，学生有序前往黑暗中对话体验馆
流程二	到馆后在视障人士带领下，分组开展"黑暗中对话"体验活动
流程三	体验结束后，独立完成"黑暗中对话"活动体验单，小组讨论并记录视障人士与非视障人士的异同，最后进行黑暗中别样对话分享会
流程四	组织学生返校，做活动总结，学生独立完成"我为'夜行者'助力小提案"

（二）活动探究

1. 黑暗日常我体验，生活困境我感知

学生完成如下"黑暗中对话"活动体验单。

体验项目有哪些	
哪一项目最困难	
项目难点在哪里	
如何克服困难	

2. 不同生活我感受，你我差异我接纳

小组讨论并记录在活动中和现实中视障人士与非视障人士有哪些异同。

项目		视障人士	非视障人士
活动中	相同点		
	不同点		
现实中	相同点		
	不同点		
收获和感受			

体验馆中的盲杖

3. 黑暗中别样对话，我为夜行者助力

学生首先回答：结合社会发展实际情况，你认为我们可以为视障人士做些什么？返校后填写"我为'夜行者'助力小提案"。

人与自我

我为"夜行者"助力小提案		
提案题目		
发现问题	（列举你认为/所看到的视障人士在日常生活中遇到的问题）	
分析问题	（具体分析视障人士遭遇困境的原因）	
解决问题	从国家角度建议：	
	从社会角度建议：	
	从个人角度建议：	

填表说明：
1. 内容原创；2. 个人建议方便落实和施行。

我为"夜行者"助力活动场地

（三）活动评价

评价内容	评价标准	自我评价	小组评价	老师评价
活动准备	准备充分 ★★★★ 准备较充分 ★★★ 准备不充分 ★★ 无准备 ★			
团队协作	团队协作意识强，任务完成好 ★★★★ 团队协作意识较强，任务完成较好 ★★★ 团队协作意识一般，任务完成一般 ★★ 团队协作意识与任务完成较差 ★			
活动成果	活动成果质量高，具体操作性强 ★★★★ 活动成果质量较好，具体操作性较强 ★★★ 活动成果质量一般，具体操作性一般 ★★ 活动成果质量较差 ★			
通过自我评价，我得到了_____颗星；通过小组评价，我得到了_____颗星；通过老师评价，我得到了_____颗星；我累计得到了_____颗星				
活动反思				

五、活动成果

"黑暗中对话"分享会,我为"夜行者"助力小提案。

六、活动拓展

收集与保障视障人士合法权益相关的国家政策或社会公益活动,进一步了解视障人士的现状及未来发展情况,形成调研报告。

春种时扶锄而耕　秋收时农桑满筐

一、知识一览

用心营造幸福，劳动创造美好生活。成都市七中育才学校学道分校构建家校社三位一体的劳动教育协同育人模式，积极发挥家庭的基础作用、学校的主导作用、社会的支持作用。因此，积极拓展校外劳动实践基地，为学生在劳动中深度体悟成长搭建了学习实践平台，创造了劳动实践的条件，以劳树德、以劳增智、以劳强体、以劳益美，"五育融合"的教育新理念落地生根。最是一年春光好，播种希望正当时。在春意盎然的日子里，学校组织学生前往劳动教育实践基地劳作，同学们用一把把铁锹，开出一片新天地，洒下作物的种子！师生们共同努力，朋友间互相帮助，原本荒芜的土地被一颗颗作物种子有序填满！同学们在辛勤耕耘的劳动中期待收获，也懂得了珍惜和节约。学校的劳动教育实践，已经成了一张靓丽的办学名片，深受师生、家长和社会好评！快来感受孩子们丰收的喜悦吧！

新津劳动教育实践基地

人与自我

二、活动目标

结合二十四节气，让学生通过种植农作物，学会遵循自然规律。同时，在种植、养护农作物的过程中，让学生熟练掌握基本的劳动技能，在劳作过程中认识到食物的来之不易，养成珍惜粮食、爱惜粮食的良好品质。通过农作物的种植培养学生爱护自然、保护环境的健康意识。

通过食物制作，培养学生的劳动习惯，培养学生在劳动实践中的动手能力，让学生体会劳动的意义，感受劳动的快乐，以劳动塑造学生脚踏实地、艰苦奋斗的可贵品质，让学生用双手创造美好、美味的生活。

三、活动准备

（一）问题探究

主问题：学校开展劳动种植体验活动的意义在哪里？

子问题1：如何遵循时令开展农作物的种植、养护？

子问题2：通过美食的制作你体会到劳动的意义了吗？

（二）前期准备

1. 学生准备

在教师的指导下购买应季的菜苗、种子和肥料，制订种植护理计划；查阅资料了解并记录至少三种蔬菜的种植培育知识。

班级		组别	
蔬菜名称			
产地			
所含的微量元素			
营养价值			
适合播种的季节			
种植方式			

2. 教师准备

进行种植小组分组,指导学生制订种植护理计划。

3. 其他准备

带好锄头、铲子、水桶等。

四、活动过程

(一)活动流程

流程一	组织学生集合,强调安全要求及文明礼仪,乘车前往校外劳动教育实践基地
流程二	根据不同的任务开展劳动种植体验活动,学生及时观察记录植物生长过程,结合自己的收获,完成种植日志
流程三	组织学生返校,做活动总结
流程四	收获后,学生将自己收获的劳动成果制作成美食,完成美食品鉴表

(二)活动探究

1. 春种粟米绿良田

学生填写如下种植日志。

<table>
<tr><th colspan="4">种植日志</th></tr>
<tr><td>班级</td><td></td><td>组别</td><td></td></tr>
<tr><td>种植名称</td><td colspan="2">播种的季节</td><td></td></tr>
<tr><td>种植方式</td><td colspan="3"></td></tr>
<tr><td>第一周</td><td colspan="3">任务:确定种植小组、负责人名单,制订本组的种植计划</td></tr>
<tr><td rowspan="2">日期:</td><td>我的劳动</td><td colspan="2"></td></tr>
<tr><td>我的收获</td><td colspan="2"></td></tr>
</table>

人与自我

第二周	任务：购买应季的菜苗、种子和肥料，购买工具	
日期：	我的劳动	
	我的收获	
第三周	任务：整理本组菜地，开始播种或种植	
日期：	我的劳动	
	我的收获	
第四—八周	任务：日常护理	
日期：	我的劳动	
	我的收获	
第十—十一周	任务："美丽的蔬菜"摄影或绘画比赛	
日期：	作品粘贴处（各班可以以本班的农作物为主题开展摄影或绘画比赛，形式不限）	
第十二—第十四周	任务：收获劳动成果	
日期：	我的劳动	
	我的收获	

2. 秋收餐桌享美食

收获后,学生将自己收获的劳动成果制作成美食,记录配菜和制作流程、品鉴感言等,完成美食品鉴表,并邀请家人一起品鉴,在班级微博或班级群进行分享展示。

菜名		制作人	
配菜			
制作流程			
美食照片			
美食品鉴家感言			
我的收获			

(三)活动评价

评价内容	评价标准	自我评价	小组评价	老师评价
活动态度	积极热情主动 ★★★★★ 积极热情但欠主动 ★★★★ 态度一般 ★★★ 态度差 ★			

人与自我

团队协作	团队协作意识强，任务完成好 ★★★★★ 团队协作意识较强，任务完成较好 ★★★★ 团队协作意识与任务完成一般 ★★★ 团队协作意识与任务完成较差 ★			
活动过程	认真积极参与种植劳动体验活动，按要求高质量完成自己的种植任务，有高度的集体责任感和荣誉感 ★★★★★ 积极参与种植劳动体验活动，能按要求完成自己的种植任务，有较高的集体责任感和荣誉感 ★★★★ 参与种植劳动体验活动，基本能按要求完成自己的种植任务 ★★★ 参与积极性不高 ★			
文明礼仪	校服整洁、用语文明、彬彬有礼 ★★★★★ 校服干净、用语文明 ★★★★ 着装整洁度与用语文明情况一般 ★★★ 着装整洁度与用语文明情况较差 ★			
活动成果	活动成果突出，富有创新力 ★★★★★ 有一定成果，且质量较好 ★★★★ 活动成果一般 ★★★ 成果质量不好 ★			
通过自我评价，我得到了_____颗星；通过小组评价，我得到了_____颗星；通过老师评价，我得到了_____颗星；我累计得到了_____颗星				
活动反思				

其中，"美丽的蔬菜"摄影或绘画比赛活动评价标准如下。

评价内容	评分标准	得分
主题突出	准确表达比赛主题，主题鲜明，寓意深刻，能引起欣赏者的共鸣（40分）	
创意构图	构图美观、和谐，线条分明，有视觉美（30分）	
视觉效果	色彩鲜艳、饱和，层次分明，有较强的感染力（30分）	
合计得分		

五、活动成果

个人种植日志，蔬菜摄影或绘画作品，美食制作成果。

六、活动拓展

根据种植日志，绘制植物耕种过程思维导图；经过实践梳理个人在学校、家庭、社会所能参与的劳动项目。

丈量理想立标尺　规划人生强国基

一、知识一览

电子科技大学原名成都电讯工程学院，坐落于四川省成都市。1956年在周恩来总理的亲自部署下，由交通大学、南京工学院、华南工学院的电讯工程有关专业合并创建而成。学校1960年被列为全国重点高等学校，1961年被确定为七所国防工业院校之一，1988年更名为电子科技大学，1997年被确定为国家首批"211工程"建设大学，2000年由原信息产业部主管划转为教育部主管，2001年进入国家"985工程"重点建设大学行列，2017年进入国家建设"世界一流大学"A类高校行列。2019年教育部和四川省签约共同推进电子科技大学世界一流大学建设。学校坚持以学生为中心、通专结合，以"价值塑造、启迪思想、唤起好奇、激发潜能、探究知识、个性发展"六位一体为培养理念，致力于培养具有家国情怀、全球素养、扎实基础、知识综合与集成创新能力，未来能引领学术前沿、科技与社会经济发展，堪当民族复兴大任的创新型引领性人才。

二、活动目标

参观电子科技大学校史馆，把深藏在历史中的人物、事迹、精神力量映射在学生群体中，策励学生有崇高的道德追求，引导学生树立正确的学习观与择业观。

让学生通过实地观察的方式了解各学院及专业，拓展学生的视野，培养学生的钻研精神、探究精神，从而引导学生在生活学习的"知""行"中思考，提升思辨能力。

以目标为导向，帮助学生合理规划以后的学习，从而有效调动学生学习积极性，同时，帮助学生找到其自身感兴趣的学科与领域，提前为其职业生涯规划做准备。

电子科技大学校园景色

三、活动准备

（一）问题探究

主问题：参观大学后，你对自己以后的学习以及想从事的职业有什么想法和规划？

子问题1：电子科技大学设立的专业在社会上有何影响？

子问题2：你心仪专业的现状及应用前景如何？

子问题3：假如要进入该学校学习此专业，你打算如何规划今后的学习？

人与自我

（二）前期准备

1. 学生准备

根据本次活动的目的和学习任务，查阅资料了解电子科技大学的相关知识；在班会课上观看电影《全城高考》《风雨哈佛路》等并回答如下问题。

电影中哪个人物给你的印象最深？为什么？	
如果你是主人公，面对电影中的困难，以及现在社会上可能会遇到的挑战，你会怎么做？	
电影对你完成学业或职业规划有什么启发？	

2. 教师准备

班会课播放电影，帮助学生树立正确的学业、职业价值观，激发学生学习热情；提前与电子科技大学联系接洽，确定参观时间，各个学院可以提供的专业参观项目，每个项目学生的参与方式与人数。

3. 其他准备

带好电子科技大学各专业的宣传手册、笔记本、笔。

四、活动过程

（一）活动流程

流程一	组织学生集合，强调安全要求及文明礼仪，乘车前往电子科技大学
流程二	学生以班级为单位，在班主任和下班老师、大学的带队老师的带领下走进电子科技大学
流程三	聆听大学的带队老师对学院、专业的情况介绍，参观学院，记录、采访、照相，参观专业的典型项目（不同专业的典型项目的内容有所不同，一切行动听从大学带队老师安排）
流程四	组织学生返校，做活动总结，学生完成一份学业规划

电子科技大学信息与通信工程学院

（二）活动探究

1. 我是小小调查员

学生以班级为单位参观、调查并回答以下问题：

电子科技大学开设有哪些专业？（列举5—10个）	
该学校突出的专业有哪些？	
突出专业在社会上的影响如何？	

2. 我是小小采访者

学生根据以下提纲采访电子科技大学的学生，并做好记录。

你现在就读的是什么专业？	
你对该专业的就业现状有什么了解？	

此专业的应用前景如何？	
……	

3. 我是小小规划师

学生根据所在的年级，结合想学的专业，回答如下有关学业规划的问题。

你所在的年级是？	
高中学习中，你准备选择文科还是理科？	
你接下来的学业规划是什么？（按学年进行计划）	
你现在具备什么能力？为了进入这个专业，还需要从哪些方面努力？	
学习该专业能从事哪些社会服务？	
家长对于你的规划有何建议？	
老师对于你的规划有何建议？	

（三）活动评价

评价内容		自我评价			小组评价			老师评价		
		优秀	良好	还需加油	优秀	良好	还需加油	优秀	良好	还需加油
学习态度	积极了解学院、专业的概况									
	积极了解专业的应用前景									
组织合作	组织严密、分工明确，组员团结合作、配合默契									
活动能力	搜集信息能力									
	交流能力									
	创新能力									
	社会调查能力									
反思与规划	学业规划很具体									
	学业规划可用于指导当下的学习									

五、活动成果

学生对今后学习的学业规划书。

六、活动拓展

尝试绘制学生最感兴趣的专业的大学生在高中时文理分科情形的扇形统计图；让学生根据感兴趣的专业，通过家长讲坛和大家进校进行相关的职业体验，将体验经历、感想用文字、图片的方式记录下来。

第二章 人与自然

《庄子·齐物论》："天地与我并生，而万物与我为一。"混沌初开，道法自然！绿水青山，清风明月！中华文明有"天人合一"的传统。当前，我们更加尊重自然，坚持人与自然和谐共生的基本方略，坚持绿色发展，努力促进形成人与自然和谐发展现代化建设新格局，建设美丽中国。

这一章，我们携手走进花舞人间，用诗文、音乐探寻花的生命内涵，感受生命美好；畅游成都植物园，感受植物多样性，共享绿色生活；走进成都大熊猫繁育研究基地亲近国宝，了解如何保护国宝大熊猫的有趣知识；前往成都极地海洋世界了解极地与海洋，学会辩证地看待极地海洋世界；踏上锦江绿道完成骑行天府游，实践健康生活伴我行，学习通过大数据指导我们健康生活；去成都活水公园探秘净水原理及污水生态净化原理，培养保护环境的意识；走近石象湖天然植物王国，回归田园乡野，学习用文字、音乐体味不一样的花海春韵。

通过本章的学习，希望能激发我们对大自然及科学研究的兴趣，培养我们的科学思维。相信你将更加热爱美丽大自然，热爱蓉城，热爱成都人民的智慧成果与自然之美！让我们一起开启探索人与自然和谐发展之旅吧！

钟昕诺　绘

人与自然

探秘成都活水源　师法自然净水来

一、知识一览

水是生命之源，是人类生存和发展之基础。锦江（即府南河）是成都这个城市最宝贵的水资源。长期以来，城市取水、排污都离不开河流，原本自然界有一定的净化能力，但在人类活动的干扰下，河流早已不堪重负。曾经的锦江污染严重，河水恶臭、鼠虫蚊蝇多，沿河环境污浊，锦江治理势在必行。20世纪80年代后期，成都市启动府南河综合治理工程。活水公园，位于成都市内府河边，占地约2.4万平方米。该园自1997年春天破土动工，到1998年落成，园区整体大致呈现鱼形，寓意鱼水难分，向人们揭示了人与水、人与自然的密切关系。

活水公园俯瞰

053

活水公园的设计理念是"师法自然"，公园模拟自然界的净水方式，建设了一套完整的人工湿地生物净水系统，演示了被污染的水在自然界由"浊"变"清"，由"死"变"活"的净水过程，故名之"活水"。成都市活水公园是成都市府南河综合整治工程的代表作，受到国内外的广泛关注，被誉为"中国环境教育的典范"，成为世界上第一座城市综合性环境教育公园，也是目前世界上第一座以水为主题的城市生态环境公园，已成为第四批国家水情教育基地。2010年"活水公园系列组雕"获新中国城市雕塑建设成就展提名奖。

活水公园内景

二、活动目标

在观察公园中的人工湿地生物净水系统的运行过程中，让学生记录并思考、探究模拟自然的生态净化污水原理，学习生活中的地理知识，并体验大自然的神奇。通过发放环保宣传卡、宣传环保知识，培养学生保护环境、爱护水资源的意识，养成不乱扔垃圾的良好行为习惯。

以小组活动的方式，协作进行各项活动任务，并完成成果展示和研究小论文，培养学生合作探究能力。通过远足锻炼学生的生活能力和意志品质。

通过网络了解锦江今昔变迁，让学生到大自然中去学习，提高观察分析和综合思考能力，感受今日锦江的魅力，感受人地和谐的发展理念，培养学生热爱家乡、热爱天府之国的情感。

三、活动准备

（一）问题探究

主问题：活水公园污水生态净化原理是什么？

子问题1：城市污水的来源有哪些？

子问题2：活水公园的人工湿地生物净水系统是如何实现污水生态净化的？生态净水系统中的生物是如何发挥净水作用的？人工湿地生物净水的效果如何？

子问题3：活水公园是公园城市的一个重要组成部分，其自然生态净水方式对人类和社会发展有何意义？

（二）前期准备

1. 学生准备

收集锦江和活水公园相关资料，自制有关保护环境、爱护水资源等内容的宣传卡等。学生根据任务进行具体分工。

班级		小组成员	
建立小组学习交流群。组长组织小组成员分工合作，协同完成研究任务			组长：
活动前一周，上网查寻锦江和活水公园相关资料，并整理、分享资料内容			成员：
自制10份有关保护环境、爱护水资源等内容的宣传卡，在活动中向市民发放			成员：
采访市民，了解锦江的今昔变化。活动结束后，整理资料，分享到小组学习群			成员：
观察净水过程，并做好记录。活动结束后，整理并分享到小组学习群			成员：
小组确定一个主题，自拟题目，撰写研究小论文			成员：
负责拍摄研究过程的照片，做好资料收集，完成成果展示小报			成员：

2.教师准备

讲解水的净化原理知识；制作活动观察记录表。

3.其他准备

带好拍照工具、笔、记录本等。

四、活动过程

（一）活动流程

流程一	组织学生集合，强调安全要求及文明礼仪，乘车前往活水公园
流程二	在活水公园分班集合，班主任再次强调活动纪律及要求
流程三	探究污水来源和污水处理方式，探究人工湿地生物净水系统的原理
流程四	组织学生返校，做活动总结
流程五	完成研究小论文

（二）活动探究

1.探究污水来源

学生通过网络查询，以及日常观察和多方问询，了解并记录城市污水来源。

序号	污水来源描述
1	
2	
3	
其他	

2.探寻污水处理策略

学生通过实地调查研究，探寻污水处理策略。

序号	污水处理策略
1	
2	
3	
其他	

3. 探秘活水公园净水系统

从"鱼嘴"走向"鱼尾",顺次探秘活水公园人工湿地生物净水系统对污水的生态净化过程。

(1) 学生观察并记录污水处理流程。

姓名		班级		小组成员	
污水处理流程	取水	污水来源:			
		取水设备:			
	沉淀池	观察水质:			
		沉淀物质:			
	过滤池	过滤池中的植物:		植物的作用:	
	汇水池	汇水池中的植物:		植物的作用:	
	清水池	观察清水池的清洁度(清澈或混浊):			
	出水	水流汇入地:			
生态净水的好处					
我们的收获					

(2) 学生仔细观察下面的照片,将图片名称和作用填在流程图里。学生可以设计自己喜欢的流程图,并绘制在成果展示小报中。

污水取水模拟设施 　　　　　　　厌氧沉淀池

水流回旋第一段 　　　　兼氧池 　　　　植物塘床系统1

植物塘床系统2 　　　水流回旋第二段 　　　养鱼塘

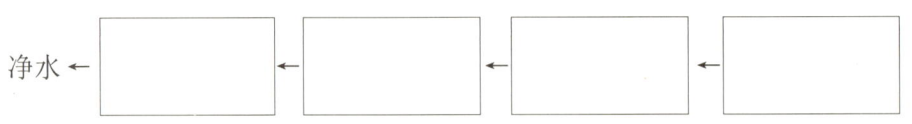

污水 → □ → □ → □ → □
　　　　　　　　　　　　　　　　↓
净水 ← □ ← □ ← □ ← □

（三）活动评价

评价内容	评价标准（共100分）	自我评价	小组评价	老师评价
活动准备	活动前一周，上网查寻锦江和活水公园相关资料，并整理、分享资料内容（10分）			
	自制10份有关环境保护、爱护水资源等内容的宣传卡（20分）			
团队协作	小组分工合作完成研究任务情况（20分）			
活动过程	向市民发放宣传卡，采访市民，了解锦江的今昔变化。活动结束后，整理资料，分享到小组学习群（10分）			
	观察净水过程，并做好记录。活动结束后，整理并分享到小组学习群（10分）			
	小组确定一个主题，自拟题目，撰写研究小论文（20分）			
	负责拍摄研究过程的照片，做好资料收集，完成成果展示小报（10分）			
	合计得分			

五、活动成果

各班学习小组通过小组学习群分享学习成果，讨论拟定小组课题研究小论文的主题，由负责学生撰写初稿，集体讨论修改形成了小论文。合作完成研究成果小报。

六、活动拓展

1. 调查不同的净水方法

（1）观察生活中家庭常见的净水方法。

（2）了解自来水厂的净水方法。

2. 对比分析，生态优先

通过网络查询了解更多的净水方式，对比分析活水公园的人工湿地生物净水系统净化污水与人工净水的不同。

3. 顺应自然，天人合一

总结自然生态净水方式的好处，感受大自然的神奇，理解顺应自然的生活方式对人类和社会发展的意义。

访熊猫乐园基地　扬和谐共生意识

一、知识一览

　　成都大熊猫繁育研究基地位于四川省成都市成华区熊猫大道1375号，占地面积约6.7万平方米，其作为"大熊猫迁地保护生态示范工程"，保护和繁育着大熊猫、小熊猫等动物。大熊猫头圆尾短、体态丰腴，有着标志性的黑眼圈和内八字的走路姿势，憨厚可爱，是我国特有的自然遗产"活化石"，也是"中国国宝"。

　　由于人类过去盲目开发和过度捕杀，大熊猫的栖息环境遭到严重破坏，被迫退缩到山林深处的各个大熊猫种群变成了一座座失去联系的"孤岛"，种族分割、近亲繁殖、物种退化都是大熊猫濒临灭绝的原因。基地以20世纪80年代抢救留下的6只病、饿大熊猫为基础，在未从野外引进一只大熊猫的情况下，以技术创新为基础，截至2020年年底将大熊猫种群数量扩大到215只，这是全球最大的圈养大熊猫人工繁殖种群。

　　在这个世界著名的大熊猫迁地保护基地、科研繁育基地、公众教育基地和教育旅游基地，我们能从丰富多彩的教育活动中，培养关注生物多样性的意识；在与自然生灵的接触、互动和实践中建立起我们与大自然的情感联系；从德育和社会实践中，养成发现问题和解决问题的能力。这里是名副其实的"国宝的自然天堂，我们的世外桃源"。

大熊猫嬉戏场景

二、活动目标

通过参观大熊猫科学探秘馆和大熊猫博物馆，追溯大熊猫兴衰演化的历史，让学生体悟进化与适应的生命观念，了解大熊猫的繁殖、遗传等知识和人类对大熊猫考察、研究的成果，以及我国政府为保护、拯救大熊猫所做出的努力。

通过参观大熊猫别墅、大熊猫产房，近距离观察不同年龄段大熊猫玩耍、吃饭、睡觉等各种日常生活状态，让学生直观体会大熊猫的成长过程，进一步加深对大熊猫的了解，培养学生观察、记录的能力。

通过对国宝大熊猫的观察和认识，探究动物濒危的原因，让学生增强热爱大熊猫，以及保护大熊猫、热爱大自然的情感，树立关爱动物、关注生物多样性及环境保护的意识，同时考据熊猫文化盛行的现象。

三、活动准备

（一）问题探究

主问题：如何保护大熊猫？

子问题1：为什么要保护大熊猫？

子问题2：我们可以为保护大熊猫、恢复大熊猫种群数量做些什么？迁移到其他动物保护我们能做什么？

子问题3：熊猫IP、熊猫文化为何盛行？

（二）前期准备

1. 学生准备

通过成都大熊猫繁育研究基地官方网站"www.panda.org.cn"、央视网熊猫频道 iPanda、微信公众号"熊猫学院"等了解有关国宝大熊猫的相关知识；提前分组，确定组长，组长负责组织本组成员完成参观等活动。

2. 教师准备

查阅国家重点保护野生动物名录等资料，利用生物课介绍我国的野生保护动物，讲解保护动物多样性的措施。

四、活动过程

（一）活动流程

流程一	组织学生集合，强调安全要求及文明礼仪，乘车前往成都大熊猫繁育研究基地
流程二	学生分小组参观大熊猫博物馆，了解大熊猫保护的相关知识
流程三	学生参观大熊猫别墅、大熊猫产房，观看不同年龄段大熊猫的日常生活，了解大熊猫的成长过程
流程四	开展国宝大熊猫相关知识竞赛
流程五	组织学生返校，做活动总结

（二）活动探究

1. 探秘大熊猫的"前世今生"

分小组参观大熊猫博物馆中的熊猫前传、竹林隐士、发现熊猫、濒危年代、保护之路、生态家园、创享未来七个主展区，学生学习了解大熊猫保护的相关知识，做好记录，并回答以下问题：大熊猫的演化历程、生长历程、生活习性是怎样的？科学家是怎样发现、研究和保护大熊猫的？

展区名称	相关知识摘录
熊猫前传	
竹林隐士	
发现熊猫	
濒危年代	
保护之路	
生态家园	
创享未来	

2. 我与"国宝"有个约会

学生分小组参观大熊猫别墅、大熊猫产房，观察不同年龄段大熊猫的日常生活，了解大熊猫的成长过程，用镜头拍摄记录下国宝们呆萌可爱的精彩瞬间，并回答以下问题：在近距离观察大熊猫的过程中，哪个瞬间令你印象深刻？

大熊猫日常生活场景

（粘贴照片）	
场景描述	

3. "滚滚"百科大考验

针对与国宝大熊猫相关的知识展开小组竞赛，每题回答正确计1分，不正确的不计分，积分最多的小组获胜。

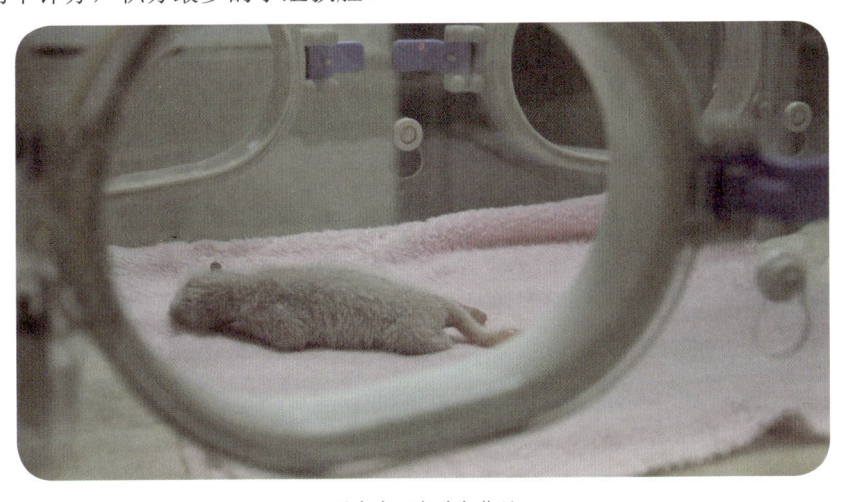

刚出生不久的大熊猫

1. 大熊猫刚出生时有多重？

2. 大熊猫刚出生时长啥样？

3. 大熊猫初生幼崽会排便吗？

4. 大熊猫的食物都有哪些？

5. 大熊猫有几根手指呢？

6. 大熊猫的寿命有多长？

7. 你觉得大熊猫的攻击力强吗？

8. 大熊猫为什么会成为濒危动物呢？

9. 我们可以为保护大熊猫、恢复大熊猫种群数量做些什么呢？

10. 你知道目前哪些自然保护区有大熊猫？

4. 以国宝之名讲中国故事

四川是大熊猫的故乡，熊猫元素遍布成都的大街小巷，大熊猫的形象与成都的形象往往密不可分。人们一想起大熊猫就会想起成都；一想到成都自然也会想到大熊猫。作为成都的中学生，你能从身边无处不在的熊猫元素入手讲一讲大熊猫与成都的故事吗？

从大熊猫的保护中，我们不仅看到了大熊猫从濒危降为易危的可喜结果，更感受到了新时代中国绿色发展的治国理念。"绿水青山就是金山银山"，作为新时代的中学生，你能以大熊猫保护为例讲一讲中国绿色发展的故事吗？

大熊猫作为新中国的"文化使者"遍布全球，围绕大熊猫发生的外交故事被称为"熊猫外交"。你知道哪些"熊猫外交"的故事呢？你能用自己的语言来讲述这些故事并展现新时代中国的文化自信吗？

学生任选以上角度中的一个来讲个小故事。

以国宝之名讲中国故事

（三）活动评价

评价内容	评价标准（共100分）	自我评价	小组评价	老师评价
活动过程	积极参加活动，主动参与体验各个环节（20分）			
	小组分工明确，团结合作（20分）			
	听从老师和工作人员的安排，保持良好纪律（10分）			

探秘大熊猫的"前世今生"	对大熊猫博物馆每个展区都有相应的参观记录（10分）			
	记录书写工整（5分）			
我与"国宝"有个约会	图片清晰、主题鲜明（10分）			
	场景描述书写工整、语言生动（5分）			
"滚滚"百科大考验	小组竞赛，回答正确一题记1分（10分）			
以国宝之名讲中国故事	任选一个角度，讲出与大熊猫有关的故事（10分）			
合计得分				

五、活动成果

记录了有关大熊猫演化历程、生长历程、生活习性等知识，拍摄了一张配有场景描述的展示大熊猫精彩瞬间的照片，讲述了一个与大熊猫有关的中国故事。

六、活动拓展

进一步思考：我国还有哪些濒危动物呢？国家采取了哪些措施来保护它们？人类作为大自然的一员，如何与大自然和谐共处呢？任选一种濒危动物，参考以上问题绘制一张宣传动物保护的海报。

花舞人间寻芬芳　人舞花间悟内涵

一、知识一览

花舞人间位于四川省成都市南郊新津县永商镇梨花大道555号，距离成都市区仅30余千米，占地约200万平方米。经过多年建设，已经建成的主要景点包括迷宫花园、同心潭、杜鹃长廊、花卉博览园、花舞天阶、森林漂流、金沙沟花海、海棠山舍等。花舞人间根据不同的主题，种植了千万株花卉，随季节次第开放，为"国家AAAA级旅游区""西南赏花首选地""全球郁金香展示时间最长景区""西南乃至中国最大的人工栽培杜鹃花集中展示地"，曾在联合国总部举行的"第六届全球人居环境论坛"（GFHS Ⅵ）上，荣获"全球低碳景区最佳范例"称号。我们现在就一起去领略花舞人间的美好景致吧。

二、活动目标

通过走进花舞人间实地观察花，让学生发现并欣赏花的美，再从前期收集的文艺作品中找出能够对应这种美的歌词，整体提升学生发现美、欣赏美、涵养美、创造美的能力。

学生从创作的角度，探寻花的生命内涵，提升语言表达能力、创新能力和舞台创作能力，实现知识与行动的融合、知识与生命的融合。

通过情境创设，结合所欣赏文艺作品，让学生将文艺作品中传递的美通过二度创作向大众展示，如采用吟诵、吟唱、文学创作等形式，窥见文艺作品中花所表达的意境美，以及背后传递的精神品质，感受生命形式的多样性，从而引导学生善的能力、美的能力的生发。

三、活动准备

（一）问题探究

主问题：如何展示花的美好，探寻花的生命内涵？

子问题1：你发现了吗？——花美在哪里呢？

子问题2：你想到了吗？——你能将花的这些美点展示出来吗？

子问题3：你悟到了吗？——花的美丽让你有哪些感悟呢？

（二）资料准备

1. 学生准备

根据本次活动的目的和安排，查阅了解花舞人间全年的花期，确定花舞人间四季盛开的花有哪些，查阅积累以花为主题的诗、词、曲、散文、典故等资料。

2. 教师准备

（1）联系接洽花舞人间，确认活动时间和活动场地，每个场地学生的参与方式与人数；联系音乐老师教授一节关于旋律与节奏创编的音乐课。

（2）指导学生分组并确定小组任务。

3. 其他准备

带好表演服装、道具。

四、活动过程

（一）活动流程

流程一	组织学生集合，强调安全要求及文明礼仪，乘车前往花舞人间
流程二	参观花舞人间，各班级以小组为单位进行研学活动
流程三	仔细观察，感受、体验花的美好，并进行相应展示
流程四	形成完整的表演作品，歌颂生命的美好
流程五	组织学生返校，做活动总结

（二）活动探究

1. 发现美：花美在哪里呢？

让学生先通过寻找与观察发现花的美，从前期收集的文艺作品中，找出能够对应这种美的歌词，写在方框内。再用文字将所发现的花的美描述出来（可以从花的颜色、形状、结构等角度观察并描绘，语言要生动形象，有文采）。

花舞人间

（1）歌词。

（2）描述。

2. 展示美：可以将花的这些美点展示出来吗？

根据学生的兴趣与特长将全班分为舞蹈组和朗诵组，学生结合前期的资料准备与当下的实地观察，将感受到的花的美好用舞蹈（肢体语言、表演）、朗诵的形式展示出来。舞蹈组通过"花姿竞猜活动"来展示，朗诵组通过"诗词配乐朗诵活动"来展示。

绽放的花朵

（1）诗词配乐朗诵活动：根据前期收集的诗词，每组对以花为主题的诗歌进行配乐朗诵，用诗意的文字、嘹亮的朗诵声赞美花，歌颂花。用朗诵声传递对花、对大自然、对生命美好的赞美和热爱。

（2）花姿竞猜活动：根据花的形状、色彩、开放时的姿态等，小组进行肢体模拟或者形体表演探索，尝试用身体艺术来呈现花的特点，展示、体悟花之魅力。其他小组根据演员的表现猜出花卉的名称即可得分，能用诗词来形容这种花或者能说出这种花的花语的再加分。

花间小径

3.表达美：花的美带来了哪些感悟呢？

（1）学生从创作的角度，探寻花的生命内涵。

创作形式：绝句、五言诗、七言诗、近体诗、散文诗、小短文等。

散文诗创作指导：

① 文章题目就是或者含有被寄托感情的事物。

② 多用象征、托物言志、借花喻人等表现方法。

③ 多用比喻、排比、拟人、反复、对比等修辞，使文章生动，语言优美。

④ 事物特征与被寄寓的情感有机地融为一体。

【范例】

金色花（节选）

泰戈尔

假如我变成了一朵金色花，为了好玩，
长在树的高枝上，笑嘻嘻地在空中摇摆，
又在新叶上跳舞，妈妈，你会认识我么？

诗文作品：

（2）学生尝试节奏创编和旋律创编（任选一个完成）。

编创方法指导：

① 根据活动中出现的诗词进行创作，选定拍号、调号。

② 诵读、感受诗词的韵味，将自己的情感融入作品中，确定作品的情绪基调。

③ 在给出的节奏型中选取合适的进行搭配，先完成4个小节的节奏编创。

④ 给创编好的节奏加上音符，以相同的音开头和结尾。可采用连续的上行、下行音阶，音程之间的变化小一些，保持旋律的连贯性。

⑤ 将创编好的歌曲演唱给老师和同学听，用歌声传递对大自然的赞美和热爱。

人与自然

【范例】

绝句

杜甫 词
（创作人署名） 曲

♩=100
1=C 4/4
舒缓 优美地

| 1 3 2 1 5 — | 3 3 3 5 3 5 2 — |

| X X X X X — | X X X X X X X — |
　迟日 江山 丽，　春风　花草　香。

| 1 2 3 2 1 2 6 — | 5 6 1 3 2 3 1 — |

| X X X X X X X — | X X X X X X X — |
　泥融　飞燕　子，　沙暖　睡鸳鸯。

音乐作品（节奏或者旋律+歌词）：

（三）活动评价

1. 诗词配乐朗诵活动评价

评价内容	评价标准	小组自评	小组互评	老师评价
活动准备	准备充分 ★★★★★ 准备较充分 ★★★★ 准备不充分 ★★★ 无准备 ★★			
技巧表达	普通话标准，切合作品内容 ★★★★★ 普通话标准，较切合作品内容 ★★★★ 普通话不太标准，未切合作品内容 ★★★ 未使用普通话 ★★			
仪容仪态	精神饱满，动作自然合 ★★★★★ 精神较饱满，动作较自然 ★★★★ 精神较饱满，没有动作 ★★★ 精神状态较差 ★★			
创作表现	配乐符合主题，朗诵形式富有创意 ★★★★★ 配乐符合主题，朗诵形式较有创意 ★★★★ 配乐较符合主题，朗诵形式单一 ★★★ 配乐无主题，朗诵形式差 ★★			

通过小组自评，我们得到了____颗星；通过小组互评，我们得到了____颗星；通过老师评价，我们得到了____颗星；我们累计得到了____颗星

活动反思	

2．花姿竞猜活动评价

评价内容	评价标准	小组自评	小组互评	老师评价
活动准备	准备充分 ★★★★★ 准备较充分 ★★★★ 准备不充分 ★★★ 无准备 ★★			
花姿模拟（肢体表演）	姿态优美，整个展示惟妙惟肖、富有感染力，小组合作表演或运用道具 ★★★★★ 姿态一般，整个展示基本能展现花卉特点，有小组合作表演或运用道具 ★★★★ 没有展现出花卉特点，有小组合作表演或运用道具较少 ★★★ 没有展现出花卉特点，没有小组合作表演或没有运用道具 ★★			
猜名称说花语	能猜出花卉名称，能说出花语 ★★★★ 能猜出花卉名称，说不出花语 ★★★ 猜不出花卉名称，说不出花语 ★★ 分享相关诗词数量最多 ★★★★ 分享相关诗词数量居中 ★★★ 分享相关诗词数量较少 ★★			

通过小组自评，我们得到了＿＿颗星；通过小组互评，我们得到了＿＿颗星；通过老师评价，我们得到了＿＿颗星；我们累计得到了＿＿颗星

活动反思	

3. 创意表达活动评价

评价内容	评价标准	小组自评	小组互评	老师评价
活动准备	准备充分 ★★★★★ 准备较充分 ★★★★ 准备不充分 ★★★ 无准备 ★★			
词	歌词符合主题且全为原创，语句中体现出花的生命内涵（其中歌词富有文化内涵且有韵律感），给人以美的体验 ★★★★★ 歌词符合主题，部分为改编，语句中体现出花的生命内涵（其中歌词富有文化内涵且有韵律感），给人以美的体验 ★★★★ 歌词符合主题，语句中体现出花的生命内涵 ★★★ 歌词不符合主题，歌词无内涵 ★★			
曲	有拍号、调号以及音乐表情，开头和结尾落在相同的音上，演唱作品声音洪亮，将情感融入其中 ★★★★★ 有拍号、调号以及音乐表情，开头和结尾落在相同的音上 ★★★★ 有拍号、调号，开头和结尾落在相同的音上 ★★★ 曲调不完整 ★★			
通过小组自评，我们得到了____颗星；通过小组互评，我们得到了____颗星；通过老师评价，我们得到了____颗星；我们累计得到了____颗星					
活动反思				

五、活动成果

汇编作品集（散文诗、原创歌曲），音像资料（活动照片集、合成视频）。

六、活动拓展

学生深入挖掘每个季节中具有代表性的 3—5 种花卉所象征的生命内涵。

1. 梳理每个季节具有特色的花卉及相关的文学作品

（1）每个季节最具特色的 3 种花是什么呢？

（2）与这 3 种花相关的文学作品有哪些？

2. 整理四季特色花卉所象征的生命内涵

从与四季特色花卉有关的文学作品中，我们感悟到的生命内涵是什么呢？

访生态乡野绿地　享湖畔花海春韵

一、知识一览

石象湖，位于四川省蒲江县朝阳镇石象村，因湖区有古刹石象寺而得名，相传为三国大将严颜骑象升天之地，后人据此传说建寺塑像纪念。后被毁。1986年重建严颜殿和重塑严颜像以及石狮、石象等。

石象湖景区湖面如镜，秀木叠翠，森林覆盖率达到了90％以上，空气质量优于一级。湖中岛屿星罗棋布，港岔纵横，如"水上迷宫"。湖周围山峦起伏，林木如盖。二龙戏珠、福从天降、古琴台、碧园赏春、古象山书院等十六景更是集中展现了石象湖景区的自然、人文景观。当踏入原始生态景区边缘的那一刻，我们似与之融为一体、相生相映，更加亲近最真实的自然，全身心地摄入大自然给人类带来的丰富养料。

石象湖景区一角

二、活动目标

在大自然中，学生尽情欣赏美景，以咏诗诵文的方式，嗅花香、观花色、赏春韵，了解郁金香，领略石象湖独特魅力，提升感怀自然美景的能力和诵读水平。

学生自主确定拍摄主题，拍摄美图，记录感受，DIY明信片，寄予对春天美好的祝福。让学生融于自然，学会感受郁金香之美，欣赏郁金香之美，表达郁金香之美，体悟花色春韵。

呼吁学生争做"文明观察员"，设计调查表格，观察记录，文明发声。引导学生留心细节，用图画或文字表达心声，提升学生在情境中运用语言文字的能力，增强环保意识。

三、活动准备

（一）问题探究

主问题：置身花海，如何用文字体味花海春韵？

子问题1：怎样探寻花海美景？

子问题2：如何融情于景，体悟美景？

子问题3：文明观察，我要发声，如何留住春色？

（二）前期准备

1. 学生准备

（1）查找资料了解石象湖景区历史、特色景点等。筛选与景点相契合的诗文，各班配乐排演，丰富表现形式，认真准备诗文诵读展示。

（2）"春天的使者"讨论分工：① 各班分小组，建议8—10人一组；② 讨论确定2—3个摄影主题；③ 搜集与"春天""花红""郁金香"等相关的好诗名篇；④ 准备拍摄工具、笔、笔记本等。

（3）各组推选一名"文明观察员"。

2. 教师准备

组织学生交流学习与石象湖相关的知识；指导学生掌握一些景物特写拍摄的技巧。

四、活动过程

（一）活动流程

流程一	组织学生集合，强调安全要求及文明礼仪，乘车前往石象湖
流程二	下车后在停车场分班集合，排队进入景区，按规划路线分班游赏
流程三	各班诗文诵读表演（配乐）。以小组为单位畅游石象湖，花海觅景，浸润心灵。与大自然亲密接触，拍照定格美景，DIY明信片，寄语春天。戴上"文明放大镜"，观察记录，设计宣传语，文明发声，留住春色
流程四	组织学生返校，做活动总结，完善作品制作

（二）活动探究

1. 纵情花海，咏诗诵文

（1）百花竞放，花香氤氲，情随景融，咏诗诵文，尽享春韵。进行"纵情花海，咏诗诵文"活动分工。

班级		诵读团名称	
组织委员		后勤委员	
诵读者			
选择诵读篇目		是否为原创作品	
配乐		道具	

（2）各班按顺序开展"纵情花海，咏诗诵文"活动并评分。

2. 寻找春天，定格美景

（1）学生自主确定拍摄主题，拍摄美图。学生融于自然，学会感受郁金香之美，欣赏郁金香之美。

（2）学生参考与"春天""花红""郁金香"等相关的好诗名篇，学写三句诗，为DIY明信片或书签做准备。

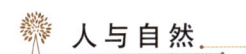

（3）根据组员的兴趣特长，小组在集体讨论的基础上确定作品创意与制作流程，进行制作分工。

明信片主题	
	（粘贴图片）
寄语春天（建议以三句诗的形式呈现）	

3. 留住美景，我在行动

（1）活动准备：①讨论确定主要观察的文明现象，抄录文明标语；②收集并熟悉文明景区的宣传画和标语。

（2）完成调查并做好记录：请小组文明观察员，留意游赏途中的文明掠影和不文明现象，以文字或图片的方式记录。（也可以自己设计记录的具体内容）

文明掠影	
不文明"放大镜"	
文明发声	

留住美景

（设计宣传语，绘制宣传画）

（三）活动评价

"纵情花海，咏诗诵文"活动的评价标准如下：

评价内容	评价标准（共100分）	小组自评	小组互评	老师评价
精神面貌（30分）	着装整洁大方，与诗文内容相契（10分）			
	精神饱满，情感充沛（10分）			
	表演和朗诵融为一体（5分）			
	声情并茂（5分）			
朗诵形式（30分）	朗诵形式富有创意，适当配以音乐、舞蹈等元素，给人耳目一新的感觉（20分）			
	上下场秩序井然，有礼貌（10分）			
朗诵技巧（40分）	朗诵内容符合比赛主题，积极向上，富有感染力（10分）			
	吐字清晰、声音洪亮、普通话标准，能够正确把握诗歌节奏和韵律，表演完整（20分）			
	能恰如其分地表达诗文内涵，朗诵富有韵味和表现力，能与现场观众产生共鸣（10分）			
通过小组自评，我们的得分是（　　）分；通过小组互评，我们的得分是（　　）分；通过老师评价，我们的得分是（　　）分；我们的累计得分是（　　）分			
活动反思				

五、活动成果

进行了美图和 DIY 明信片展评，整理了文明掠影和不文明现象。

六、活动拓展

石象湖之美，美在湖光山色。唯有善于发现，才能饱览风景。回顾这一次寻美之旅，学生们陶醉于花海美景，一定有自己独特的观察和体会。请设计一条"花海览景"的特色路线，并为每一处景点设计一个地标，为美景呐喊！

骑行绿道天府游　健康生活伴我行

一、知识一览

成都在建1.69万千米的天府绿道，是全球规划设计最长的绿道系统。天府绿道以自然要素为基础，以自然人文景观和休闲设施为串联，为市民提供了"慢生活"的空间。这条健康、幸福、和谐之道，串联了安逸生活之美。天府绿道总体规划提出，以"一轴、二山、三环、七带"，区域级、城区级、社区级三级绿道体系，共同织就全球规划设计最长的16930千米绿道系统。根据计划，2025年初步构建绿道体系，2035年全面建成，实现生态保障、慢行交通、休闲旅游、城乡融合、文化创意、体育运动、农业景观、应急避难等多种功能。整个绿道体系构成的巨大绿色网格将使成都成为一块镶嵌在成都平原之上的巨大翡翠。

二、活动目标

开展骑游绿道活动，让学生了解成都新公园城市工程建设进程以及作为公园城市工程项目的绿道建设历程；感受成都的特色绿道文化，了解家乡在新时代背景下的迅猛发展。

通过在绿道上开展骑行活动，让学生知晓健康生活与人文城市的重要性。绿道作为体育锻炼活动的重要场所，不仅吸引了广大市民的目光，更强化了城市的综合服务能力。学生应学会充分利用身边的资源为健康生活服务，让健康中国的理念深入人心。

成都正在加快建设美丽宜居公园城市，究其本质是注重绿色、环保。通过绿道骑行，让学生将骑行过程中的收获传递出去，唤起身边人保护环境的积极行动，从而更好地改造自然、融入自然、回馈自然。

三、活动准备

（一）问题探究

主问题：如何利用身边的资源为我们的健康生活服务？

子问题1：在骑行过程中，绿道周边的植被情况是怎样的呢？你能统计参与锻炼的人数吗？

子问题2：你能计算出绿道造价吗？

（二）前期准备

1. 学生准备

上网了解天府绿道及锦江绿道基本概况和统计图的基本知识，学习造价的概念，记录绿道周围常见绿植种类及其市场价格；班级分组，确定组员名单及组长。

2. 教师准备

在活动地点选出5千米骑行路段，并标注出起点和终点。

3. 其他准备

准备医疗箱等。

四、活动过程

（一）活动流程

流程一	组织学生集合，强调安全要求及文明礼仪，学生有序前往绿道骑行路段
流程二	学生在指定地点领取自行车，前往骑行活动地点
流程三	学生自由骑行，小组内分工完成绿道周围植被类型及数量调查，并将调查数据记录在活动表格中
流程四	组织学生返校，做活动总结

（二）活动探究

1. 看看花草木，与风景同行

学生在自由骑行过程中，调查绿道周边的植被情况和路上参与锻炼的人数，记录"5千米绿道周边植株"调查情况。

组名		组长		
其他成员				
造价	绿道造价＝绿化造价＋路段造价			
常见绿化植株及价格	名称	图片示例（学生自主粘贴绿植图片）	市场价格（学生自主查阅网络资料填写）	数量
参加锻炼的人数				

要求：名称参考植株的铭牌，没有铭牌的通过网络确定植株名称；图片示例可贴入照片或手绘图，绿植价格参考市场价。

2. 小小造价师，与城市同行

学生学习粗略计算 5 千米绿道的造价。

绿道造价公式是：

绿道造价 = 绿化造价 + 沥青路建设造价

参考数据：1 千米沥青路段造价为 2.5 万元。

说明：在理想状态下，认为每千米沥青路段的价格固定，绿化造价为所有绿化植株的购买费用之和。

5 千米骑行绿道造价：

绿道风景

（三）活动评价

评价内容	评价标准	自我评价（ABCD）	小组评价（ABCD）	老师评价（ABCD）
活动准备	积极参与本次活动，主动承担任务			
	主动与同学配合、团结互助完成前期的资料收集			
	认真听同学的意见和观点			
活动过程	积极收集骑行中的各项数据			
	敢于提出问题，表达自己的看法，动手实践能力强			
	认真完成绿株植物的价格和品种表			
活动成果	及时完成活动成果的交流，交流汇报积极			
	写好活动成果			
我的感想				
小组对我说				
家长对我说				

五、活动成果

完成了"5千米绿道周边植株"调查，计算5千米绿道造价。

六、活动拓展

自主制订一条有特色的成都市内10千米骑游路线（在下页画出你的骑游

路线图），在课余时间内进行骑行，在骑行中调查城市建设情况（比如绿化、道路、建筑），查阅成都过去的历史，感受城市发展变迁。

骑游路线图：

游多彩植物王国　悟生命气节风骨

一、知识一览

成都市植物园（即成都市公园城市植物科学研究院）位于成都市北郊天回镇，紧靠川陕公路，面积42万平方米。园内现保存植物2000余种，承担植物迁地保护，引种驯化和选育，城市园林植物的栽培、繁育，园林植物有害生物预警等任务，功能涵盖科研科普、引种驯化和旅游服务。植物专类园有芙蓉园、樱花园、茶花园、腊梅园、木兰园、梅园等。成都市植物园是成都市乃至西南地区重要的植物学科普教育基地，在西南地区久负盛名。

成都市植物园

二、活动目标

通过观察、记录植物园中常见的植物和一级保护植物，了解不同植物的形态结构、生活习性和分类，体会植物的多样性，感受丰富多彩的植物世界。

通过讨论植物与人类生活的关系、分析植物净化空气的原理、实地测量不同植被分布区域的温度和湿度、解释植物对人类生活的影响及其生物学原理，培养学生的实践操作和团队合作能力，并使其进一步理解绿色植物在生物圈中的作用。

通过认识植物、分析植物作用、义务植树等，加深学生对与植物相关的生物学知识的理解，进一步巩固结构与功能观等生命观念；强化热爱植物、保护植物的意识，提升热爱大自然的情感和环境保护的社会责任感。

三、活动准备

（一）问题探究

主问题：绿色植物在生物圈中有哪些作用？

子问题1：人们的生活与植物有何关系？

子问题2：为什么把植物园叫作天然氧吧？

子问题3：为什么说"大树底下好乘凉"？

（二）前期准备

1. 学生准备

提前预习或者复习初中生物有关绿色开花植物的生活方式相关知识点；观看《植物王国》《植物私生活》等纪录片，了解植物的多样性；提前分组，确定组长，组长负责组织本组成员完成参观等活动。

2. 教师准备

利用生物课介绍绿色开花植物的生活方式等知识；准备干湿计，并讲解干湿计使用的注意事项。

四、活动过程

（一）活动流程

流程一	组织学生集合，强调安全要求及文明礼仪，乘车前往成都市植物园
流程二	学生分小组进行"寻觅'植物王国'"综合体验活动

流程三	学生分小组进行"探秘植物生活"课题研究活动
流程四	组织学生进行"植物诗词大会"活动
流程五	组织学生返校，做活动总结

（二）活动探究

1. 寻觅"植物王国"

植物园中的珍稀植物

老师组织学生观察植物园的植物，重点观察、记录两种常见的植物和三种国家一级保护植物。

植物名称	科属	生活习性	其他

2. 探秘植物生活

植物园中的青少年植物科普馆

【知识链接】

绿色植物利用太阳的光能,将二氧化碳(CO_2)和水(H_2O)合成淀粉等有机物并释放氧气的过程,称为光合作用。绿色植物可以通过根从土壤中吸收水。根吸收的水分可以通过导管自下而上运输,95%以上的水分都以水蒸气的形式通过叶片的气孔散失到大气中了。水分的蒸发可以带走热量,1g水化为水蒸气时,在20℃条件下吸收能量约$2.45×10^3$J。

(1)老师组织学生分小组头脑风暴,讨论不同的植物以何种形式影响人类的生活。比如人们的衣食住行医等方面与植物有什么关系?请举例说明。

项目	举例
衣	
食	
住	
行	
医	
其他	

人与自然

（2）结合植物的光合作用等相关知识，小组内讨论植物是如何净化空气的。比如，为什么把植物园叫天然氧吧呢？

（3）学生以小组为单位，探究植物对环境温度和湿度的影响。用干湿计测量裸地、草坪、灌木丛的温度和湿度，每个地点测量三次并求平均值，记录下来。

植物园中的环境监测设备

项目	不同植被		
	裸地	草坪	灌木丛
干球温度			
湿球温度			
相对湿度			

097

分析上述数据，可以得出什么结论？学生结合植物的蒸腾作用等相关知识做出合理的解释。

3. 植物诗词大会

从古至今，植物不仅对人类的生产生活非常重要，其象征的精神品质对人类也有积极的引导作用。请学生从古今赞颂植物的诗词中选一首默写出来，并感悟诗词中植物的气节风骨或美好品质。

（三）活动评价

评价内容	评价标准（共100分）	小组自评	小组互评	老师评价
活动过程	积极参加活动，主动参与体验各个环节（20分）			
	小组分工明确，团结合作（20分）			
	听从老师和工作人员的安排，保持良好纪律（10分）			
寻觅"植物王国"	表格内5种植物的信息记录完整、准确（10分，每种植物2分）			

探秘植物生活	认识植物在人类衣食住行医等方面的作用（10分，每一个方面2分）		
	正确解释植物净化空气的原因（10分）		
	测量出裸地、草坪、灌木丛的温度和湿度；得出正确结论、原因解释合理（10分）		
植物诗词大会	能够默写出一首赞颂植物的诗词（10分）		
	合计得分		

五、活动成果

形成了植物观察记录，学生对植物作用有了一定认识，班级分析讨论了植物象征的品质对人的积极引导作用。

六、活动拓展

1. 义务植树活动

参加植树造林，保护每一片绿叶，是我们每一个公民应尽的义务。倡导孩子们利用周末或节假日，和家人一起义务植树3—5棵，人人动手，绿化祖国大地，造福人类。

2. 为校园设计绿化方案

小组合作绘制校园绿化设计方案示意图，并推荐一名代表在全班做方案介绍。

【提示】

首先，应考虑学校实际情况，根据本地区的气候特点，选择适宜种植且成活率高的植物种类，尽量不选名贵品种。

其次，鉴于校园土地面积有限，应多从立体空间设计方面考虑，如充分利用楼顶、窗台、围墙、墙角等，这样既可以有效利用空间，又可以使校园绿化呈现立体效果。

游极地海洋世界　忧动物保护问题

一、知识一览

你知道成都的海昌极地海洋公园吗？它位于华阳镇天府大道南端，占地约40万平方米，是西南地区第一个极地海洋旅游项目。

在这里，我们可以参观极地动物展示区、海洋动物展示区，观看鲸豚表演场和欢乐剧场。其中极地动物展示区由海豚交流广场、北极熊馆、海狮馆、海象馆、企鹅馆、海豹湾、海兽湾围合而成，面积4.8万平方米。在这里，我们能近距离地观赏到白鲸、北极熊、企鹅、海獭、北海狮等十几种、上百头国内罕见的珍稀极地动物以及上千种珍稀海洋鱼类，仿佛置身于真实纯净的极地世界。

这里还有国内最宽的海底观光隧道（长16米、宽6米）、9个精品热带鱼展缸以及直径1.3米的圆柱体玻璃展池。通过玻璃视窗可以看到海水过滤循环系统，你还可以进一步了解海洋馆运作的相关流程，增强保护海洋生态的意识。

成都海昌极地海洋公园

二、活动目标

通过接触、观察极地海洋生物，拉近学生与极地海洋生物之间的距离，让学生认识极地海洋生物，直观感受极地海洋世界生物的多样性，提高学生的观察能力、交流能力。

通过参与动物表演相关的主题辩论赛，引导学生辩证地看待人类对野生动物的影响，培养学生的思辨能力；通过手绘保护海洋生物海报等活动，培养学生的动手操作能力和创造力。

通过调查、比较极地海洋公园和自然界动物的生存现状，让学生了解人类对动物的影响，激发学生保护海洋生物的意识，增强学生对生命的尊重和敬畏之情。

三、活动准备

（一）问题探究

主问题：如何辩证地看待极地海洋公园？

子问题1：在极地海洋公园你认识了哪些海洋生物？

子问题2：不同环境下的极地海洋生物生存现状如何？

子问题3：是否应该拒绝动物表演？

（二）前期准备

1. 学生准备

提前预习或者复习初中生物里动物的主要类群相关内容；提前观看《海洋零距离》《冰冻星球》等纪录片，阅读文件《全国动物园发展纲要》；提前分组，确定组长，组长负责组织本组成员完成参观等活动。

2. 教师准备

提前收集与海洋相关的纪录片、文件、书籍等，让学生提前有选择性地观看、阅读。

四、活动过程

（一）活动流程

流程一	组织学生集合，强调安全要求及文明礼仪，乘车前往成都海昌极地海洋公园
流程二	通过参观、走访，调查极地海洋生物生存现状
流程三	对"动物表演，该不该叫停？"这一辩题展开讨论，小组合作选择立场，并讨论论点
流程四	用文字描绘心中的极地海洋公园
流程五	组织学生返校，做活动总结

（二）活动探究

海洋公园中的海豚和海豹

1. 畅游多彩极地海洋公园

对大多数人来说南极和北极如同异域星球一样陌生，但神秘的极地海洋世界却有着丰富的物种。海昌极地海洋公园有哪些生物？请学生记录参观过程中印象深刻的极地海洋生物。

序号	动物名称	所在场馆	自然界分布	形态特征	生活习性	记录人
1						
2						
3						
4						
5						

2. 忧心极地海洋生物生存现状

环境对生物的生存影响很大，成都海昌极地海洋公园和大自然中的极地海洋世界既有相似的地方，也有不同之处。请学生通过观察、走访、查阅资料等活动，调查、对比一种动物在成都海昌极地海洋公园和自然界里的生存现状。

动物名称		
项目	极地海洋公园	自然界
生存空间		
食物种类		
觅食难度		
被训练情况		
环境污染情况		
其他		

3. 辩说动物表演利弊

海洋公园中的动物表演

成都海昌极地海洋公园中的一些动物，通过人为的训练能够进行表演，供人类观赏娱乐，但这是否违背了动物的天性？我们是否应该思考动物表演的必要性和合理性？以"动物表演，该不该叫停？"为辩题，选择正方或者反方，小组合作讨论出论点，为班级辩论赛做准备。

辩题	动物表演，该不该叫停？
选择正／反方	
论点 1	
论点 2	
……	

4. 描绘心中的极地海洋公园

参观海昌极地海洋公园后，请学生结合此类海洋公园对人类和动物的影响，用文字或者图画描绘心中的极地海洋公园（300字以上）。

（三）活动评价

评价内容	评价标准（共100分）	小组自评	小组互评	老师评价
活动过程	积极参加活动，主动参与体验各个环节（20分）			
	小组分工明确，团结合作（20分）			
	听从老师和工作人员的安排，保持良好纪律（10分）			
畅游多彩极地海洋公园	按要求完成各项活动，记录工整、有序（10分）			
忧心极地海洋生物生存现状	完成对一种极地海洋生物的调查（10分）			
辩说动物表演利弊	观点明确，逻辑清晰，语言流畅（10分）			
	遵守辩论规则，认真倾听（5分）			
描绘心中的极地海洋公园	能够表达出自己的见解和思考（15分）			
	合计得分			

五、活动成果

极地海洋生物生存现状记录单，关于动物表演辩论赛的辩论文稿。

六、活动拓展

根据组员的兴趣特长，制作保护极地海洋生物的海报。

第三章 人与文化

《淮南子·泛论训》："故圣人法与时变，礼与俗化。"人得力于"文化"，才成之为"万物之灵"，优秀传统文化是一个国家、一个民族传承和发展的根本。中华优秀传统文化博大精深，源远流长。成都自古被誉为"天府之国"，是中国开发最早、持续繁荣时间最长的城市之一。成都自古为西南重镇，曾是成家、蜀汉、成汉、前蜀、后蜀、大蜀、大西等政权的都城，文化遗存丰富，为我们提供了宝贵的学习资源。

这一章，我们探访金沙遗址，寻觅3000多年前神秘古蜀王国的文明魅力；走近三星堆遗址，探秘那个充满创造力的青铜王国；走访成都博物馆、建川博物馆，了解成都的历史发展变迁，为历代成都人挑战自然、抵抗外敌、艰苦奋斗的历程而骄傲；走进图书馆，徜徉知识海洋，培养信息素养，感受文化魅力；拜访都江堰、青城山、洛带古镇、宽窄巷子、杜甫草堂等成都文化名片，丰富文化底蕴，增强文化自信。

通过本章的学习，希望我们能够深度了解成都的文化内涵，感受古都新貌，厚植家国情怀，铸牢中华民族共同体意识，在新的征程中，续写更绚烂璀璨的成都文明。

胡然 绘

古蜀金沙探起源　文物珍宝解奥秘

一、知识一览

你知道古蜀人是怎么生活的吗？你听说过太阳神鸟吗？接下来就让我们一起走进金沙遗址博物馆，揭秘古蜀文明之谜。2001年2月在成都市区发现的金沙遗址，分布范围约5平方千米，是公元前12世纪至公元前7世纪长江上游古代文明中心——古蜀王国的都邑所在。金沙遗址是进入21世纪后中国第一个重大考古发现，也是四川继三星堆之后又一个重大考古发现，并被评选为"2001年全国十大考古发现"。金沙遗址博物馆位于成都市青羊区金沙遗址路2号，占地面积30.4万平方米，建筑面积3.8万平方米。馆内有遗迹馆和陈列馆两大主体建筑，分别位于摸底河的南北两岸，一圆一方，刚柔并济，相互呼应，是成都市重要的地标性建筑。陈列馆藏有金器、铜器、玉器、石器、漆木器、陶器、象牙等文物共2235件（套）。其中，一级文物366件（套）、二级文物374件（套）、三级文物1429件（套）。目前可以确认，金沙遗址主体文化遗存的时代约在商代晚期至西周时期，极有可能是三星堆文明衰落后在成都平原兴起的又一个政治、经济、文化中心，也是中国先秦时期最重要的遗址之一。目前成都金沙遗址博物馆被评为国家AAAA级旅游景区、国家一级博物馆，并被列为全国中小学生研学实践教育基地。这里可以探索历史的奥秘，拓宽知识的视野，提升思维的品质。快来体验这座集教育、研究、休闲于一体的现代化园林式博物馆吧。

金沙遗址博物馆

二、活动目标

透过文物，探索金沙文化的奥秘，培养学生的历史知识探究能力；通过制作金沙"文物"手工美术作品，深入了解金沙文化的特征，培养学生的动手能力。

通过参观金沙遗址博物馆，了解古蜀人的生活，让学生感受古蜀文化中的祭祀文化和特定的宗教信仰；在参观中增强学生对本土文化的认同感、自豪感。

通过撰写金沙文物讲解词，培养学生的史料阅读能力，提升学生的小组协作能力和文字写作能力；通过讲解文物，加深学生对金沙文化的认知。

三、活动准备

（一）问题探究

主问题：金沙遗址隐藏着什么秘密？

子问题1：金沙遗址中的文物反映了古蜀人怎样的信仰？

子问题2：太阳神鸟背后的秘密是什么？

（二）前期准备

1. 学生准备

根据本次活动的目的和安排，查阅资料了解金沙遗址博物馆的相关知识；学习文物讲解词的撰写方法。

2. 教师准备

利用历史课讲解古蜀的历史起源，并展示部分代表性文物；对学生进行讲解词撰写方法的指导。

3. 其他准备

带好彩纸、剪刀、胶水。

四、活动过程

（一）活动流程

流程一	组织学生集合，强调安全要求及文明礼仪，乘车前往金沙遗址博物馆
流程二	学生参观遗迹馆
流程三	分班参观陈列馆五大展厅
流程四	学生分小组进行"金沙小小讲解员"比赛
流程五	组织学生返校，做活动总结

（二）活动探究

1. 博物馆之旅

学生在参观过程中记录所了解的文物名称、材质、特征、用途和信仰内涵。

文物名称	材质	特征	用途	信仰内涵

博物馆中的文物

2. 太阳神鸟背后的秘密

学生回答以下问题：

（1）请用一段文字或绘画的方式，来描述太阳神鸟的形态与特征。

（2）你知道哪些关于太阳神鸟的传说？

（3）请谈谈太阳神鸟所蕴含的文化寓意。

"太阳神鸟"金饰　　　　　　　　青铜立人像

3. 金沙小小讲解员

学生参观后，小组选取最感兴趣的文物进行讲解词的撰写，推选一名代表作为讲解员在班上进行展示。

【讲解词范例】

　　欢迎来到第三展厅"天地不绝"，在这儿首先请大家注意听一个声音，这是来自三千年前的天籁之音，它是由祭祀区出土的两件石磬发出来的，就让我们在三千年前古蜀祭祀神圣庄严的礼乐伴奏之下，一起走进他们的精神世界。

　　首先迎接我们的是一件代表性器物——青铜立人。这件青铜立人高14.6厘米，您看他头戴涡形帽，身穿中长服，整个人神情肃然，似乎正在主持一场神圣而重要的仪式。在他的腰间插有一根象征权力的短杖，显示出他高贵的身份，有的说他是巫师，有的说他是蜀王，也有的说他是巫师兼蜀王。而这件青铜立人最特别的就是他的手势，您看他的手一上一下环抱在胸前，手指蜷曲呈虚握状，似乎曾握有什么东西。对此专家们众说纷纭，有的说他的双手没在一条直线上，可能是拿了两件器物，也有的说可能拿了一根迎接太阳的神圣树枝，还有的从他手指弯曲的弧度来看，认为可能握的是象牙……不管怎样的猜测，大家都认为他手中的器物一定是奉献给祖先神灵的神秘礼物。三星堆当年也出土了一件身高1.62米的青铜大立人像，虽然这两件青铜立人大小差别很大，装束也不相同，但是他们都做了一个一模一样的手势，这就足以说明金沙和三星堆文明应该有着同样的宗教信仰和宗教习俗。

（三）活动评价

评价内容	评价标准	自我评价	小组评价	老师评价
活动态度	积极热情主动 ★★★★			
	积极热情但欠主动 ★★★			
	态度一般 ★★			
	态度差 ★			
团队协作	团队协作意识强，任务完成好 ★★★★			
	团队协作意识较强，任务完成较好 ★★★			
	团队协作意识与任务完成一般 ★★			
	团队协作意识与任务完成较差 ★			
活动过程	活动分工明确、高效有序，清洁卫生保持好 ★★★★			
	活动有分工且较有序，清洁情况不错 ★★★			
	秩序、清洁一般 ★★			
	秩序、清洁较差 ★			
文明礼仪	校服整洁、用语文明、彬彬有礼 ★★★★			
	校服干净、用语文明 ★★★			
	着装整洁度与用语文明情况一般 ★★			
	着装整洁度与用语文明情况较差 ★			
活动成果	活动成果突出，富有创新力 ★★★★			
	有一定成果，且质量较好 ★★★			
	活动成果一般 ★★			
	成果质量不好 ★			

通过自我评价，我得到了_____颗星；通过小组评价，我得到了_____颗星；通过老师评价，我得到了_____颗星；我累计得到了_____颗星

活动反思	

其中，"金沙小小讲解员"活动评价标准如下：

讲解员姓名：　　　　　　评分人：　　　　　　年　月　日

评价内容		评价标准	得分
讲解（70分）	完成讲解（40分）	完整流畅，应变自如	
	语言能力（20分）	发音（5分） 声韵调标准，平翘舌音、前后鼻尾音、边鼻音等无失误；声音大小适中，自然贴切	
		语调语速（5分） 语调抑扬顿挫；语速自然流畅，快中慢适时适当	
		表达（10分） 条理清楚，词语、语法准确；无口头语	
	情感沟通（10分）	感情饱满，与观众有神态交流	
礼仪（15分）		形象良好，姿态自然，自信大方，有一定的肢体语言	
问答（15分）		应变能力强，综合素质高	
合计得分			

五、活动成果

了解了太阳神鸟所蕴含的文化寓意，完成了文物讲解词的撰写。

六、活动拓展

参观后，学生模仿制作金沙"文物"（如太阳神鸟、黄金面具、玉器等）并进行展示；将自己的金沙"文物"与三星堆文物对比，探索金沙文化和三星堆文化的渊源。

商周大金面具　　　　　　　　　　十节玉琮

亲水都江拜古堰　探幽青城访道家

一、知识一览

"九天开出一成都，万户千门入画图"，这是唐代大诗人李白眼中的成都——自然天成，美丽富庶，生生不息。成都的美丽，成都的富庶，皆源于2300多年前李冰父子建造的都江堰水利工程，是这一伟大工程开启了天府之国"水旱从人，不知饥谨"的辉煌篇章。都江堰位于四川省成都市都江堰市城西，坐落在成都平原西部的岷江上，始建于秦昭王末年（约公元前256年—前251年），是蜀郡太守李冰父子在前人开凿的基础上组织修建的大型水利工程，由分水鱼嘴、飞沙堰、宝瓶口等部分组成，2000多年来一直发挥着防洪灌溉的作用，使成都平原成为水旱从人、沃野千里的"天府之国"，至今灌区已达30余县市、面积达数千平方千米，是全世界迄今为止年代最久、唯一留存、仍在一直使用、以无坝引水为特征的宏大水利工程，是中国古代劳动人民勤劳、勇敢、智慧的结晶。

青城山位于四川省成都市都江堰市西南，东距成都市区68千米，处于都江堰水利工程西南10千米处。青城山历史悠久，相传轩辕黄帝时有宁封子，居青城山修道，曾向黄帝传授御风云的"龙跷之术"，黄帝筑坛拜其为"五岳丈人"，故后世又称青城山为丈人山，并建观（丈人观）纪念。1982年，青城山作为四川青城山—都江堰风景名胜区的重要组成部分，被国务院批准列入第一批国家级风景名胜区名单。

都江堰　　　　　　　　　　青城山

二、活动目标

通过实地观察都江堰水利工程，让学生认识人对自然的改造及该伟大工程如何发挥当地地理条件的优势，最终实现防洪、灌溉、水运和社会用水等综合效益，从而培养学生的探究精神、综合思维和地理实践能力。在参观工程、绘制示意图活动环节，让学生在综合实践中感悟古人智慧，树立建设家乡的宏远之志，提升爱国情怀。

通过实地观察青城山的地形及植被分布，了解青城山的自然环境特点以及对道教文化的影响，从道法自然、天人合一中感悟"一方水土孕育一方文化"。在植被采集、道教文化探究活动环节，让学生在实践中感悟，在感悟中升华对家乡的热爱之情，从而树立科学的人地协调观。

三、活动准备

（一）问题探究

主问题一：都江堰水利工程是如何运用地理、力学等原理来达到"水旱从人，不知饥馑"的？

子问题1：为什么要修建都江堰水利工程？

子问题2：都江堰工程主要有哪三大组成结构？其原理及作用是什么？

子问题3：都江堰水利工程对天府文化的孕育有哪些作用？

子问题4：修建二王庙的意义何在？古人的智慧带给我们哪些启发？

主问题二：青城山的自然环境特征及道教文化对青城山的影响有哪些？

子问题1：青城山的地形、气候对植被有什么影响？

子问题2：青城山的自然环境特征及道教文化对青城山的影响有哪些？

（1）你从青城山了解到了哪些道教方面的知识？

（2）青城山是我国道教发源地，这与其地理环境有何关系？

（3）典范人物（道教）对区域文化有哪些影响？

（4）举例说明区域文化的形成与自然环境的关系。

（二）前期准备

1. 学生准备

查阅与都江堰、青城山以及道家文化相关的资料；观看视频《都江堰水利工程原理》。

2. 教师准备

播放并讲解《都江堰水利工程原理》视频；讲解都江堰、青城山相关知识。

【知识链接】

都江堰修建背景

古诗有云：岷江遥从天际来，神功凿破古离堆。恩波浩渺连三楚，惠泽膏流润九垓。劈斧岩前飞瀑雨，伏龙潭底响轻雷。筑堤不敢辞劳苦，竹石经营取次裁。说的就是都江堰水利工程。

秦蜀郡太守李冰建堰初期，都江堰名曰"湔堋"，这是因为都江堰旁的玉垒山在秦汉以前叫"湔山"，而那时都江堰周围的主要居住民族是氐羌人，他们把堰叫作"堋"，所以都江堰就叫"湔堋"。

号称"天府之国"的成都平原，在先秦时期是一个水旱灾害十分严重的地方。李白在《蜀道难》这篇著名的诗歌中"蚕丛及鱼凫，开国何茫然"的感叹，就是那个时代的真实写照。这种状况是由岷江和成都平原"恶劣"的自然条件造成的。

岷江是长江上游水量最大的一条支流，流经的四川盆地西部是中国多雨地区。岷江有大小支流90余条，上游有黑水河、杂谷脑河；中游有都江堰灌区的黑石河、金马河、江安河、走马河、柏条河、蒲阳河等；下游有青衣江、大渡河、马边河、越溪河等。主要水源来自山势险峻的右岸，大的支流都是由右岸山间岭隙溢出，雨量主要集中在雨季，所以岷江之水涨落迅猛，水势湍急。岷江出岷山山脉，从成都平原西侧向南流去，对整个成都平原而言，是地道的地上悬江。成都平原的整个地势从岷江出山口玉垒山起，向东南倾斜，坡度很大，都江堰距成都50km，而海拔落差竟达273m。在古代每当岷江洪水泛滥，成都平原就是一片汪洋；一遇旱灾，又是赤地千里，颗粒无收。岷江水患长期祸及西川，鲸吞良田，侵扰民生，成为古蜀国生存发展的一大障碍。

都江堰的创建，又有其特定的历史根源。战国时期，刀兵峰起，战乱纷呈，饱受战乱之苦的人民，渴望统一。而经过商鞅变法改革的秦国一时名君贤相辈出，国势日盛。他们正确认识到巴蜀地区在统一中国中特殊的战略地位，"得蜀则得楚，楚亡则天下并矣"（秦相司马错语）。在这一历史大背景下，战国未期秦昭王委任知天文、识地理、隐居岷峨的李冰为蜀郡太守。李冰上任后，首先下决心根治岷江水患，发展川西农业，造福成都平原，为秦国统一天下创造经济基础。

主要内容摘编自《穿越自动化3000年》《乐在四川》

青城山，不愧为道教圣地

青城山道教的繁衍，对中国道教乃至中国文化的发展作出了贡献。

青城天师符箓派与全真内丹派的圆融、张陵易学、医药养生、武术、道教音乐、道家膳食、青城根雕等，已成为中国传统文化宝库中的重要遗产。

英国著名学者李约瑟在《中国科学技术史》中称，"东亚的化学、矿物学、植物学、动物学和药物学，都发源于道教"，道教医药和养生"在现代医学和保健领域占有独特的地位"。

青城山宫观建筑群始建于晋，盛于唐，具有中国道教文化风格和川西民俗特色，至今仍有不少建筑保存完好，实属不可多得；同时，宫观中也遗存了大量的珍贵文物。

上清宫和天师洞是青城山上的主要官观。

上清宫建在青城山第一峰，始建于晋代（公元4世纪），宫内名人匾额、碑刻、题记较多，供有木刻老子《道德经》。现存庙宇为清同治年间所建，著名国画大师张大千曾率家人在此寓居作画两年有余。

天师洞又名常道观，始建于公元730年，是东汉张道陵结茅传道的地方，也是青城山最著名的景观之一，宫内珍贵文物众多，供有张天师及其传人造像。现存殿宇建于清末，规模宏伟，雕刻精巧，并有不少珍贵文物和古树。所存历代石木碑刻中比较著名的有唐玄宗旨书碑、岳飞手书的诸葛亮前后《出师表》等。

唐肃宗上元二年（公元761年），诗人杜甫游青城后欣然抒怀："自为青城客，不唾青城地。为爱丈人山，丹梯近幽意。"宋代诗人陆游等则用"穷幽行荦确""坐观山水气幽清"等来形容青城山，句句深得青城之"幽"。正是这"幽"，给世人提供了"亲山、亲水、亲自然"的绝佳去处，"赏花、赏幽、赏白云"的人间仙境。

值得一提的是蜀派古琴大师、青城道士张孔山所谱的道教音乐古琴曲《流水》，1977年被美国录入镀金唱片，由"旅行者二号"宇宙飞船带入太空，飞向遥远的银河系之外，向未知的太空传递地球人类的文明信息……

在经历工业文明后的今天，道教崇尚自然、返璞归真的理念，对提高人们的生态环境保护意识，促进人与自然和谐共处，更具有突出意义和借鉴作用。

主要内容摘编自《聚宝盆里的人类遗产》

四、活动过程

（一）活动流程

流程一	组织学生集合，强调安全要求及文明礼仪，乘车前往都江堰水利工程
流程二	参观都江堰水利工程

流程三	午餐及休息
流程四	以小组为单位进行交流
流程五	乘车前往青城山
流程六	登青城山，沿途观察植被特点
流程七	以小组为单位参观道观，了解道家文化
流程八	组织学生返校，做活动总结

（二）活动探究

1. 都江堰水利工程观察

都江堰水利工程是如何运用地理、力学等原理来达到水旱从人，不知饥馑的？

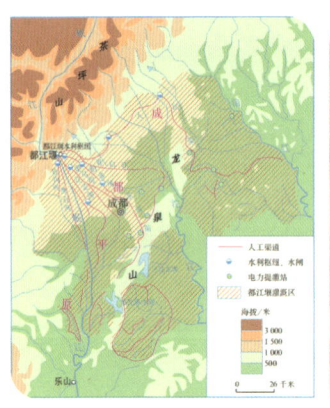

都江堰灌溉区　　　　　都江堰水利工程示意图

学生观察都江堰水利工程并做好记录。

组长		小组成员	
初探工程 修建缘由			

三大工程结构的原理	工程名称			
	工程原理			
都江堰水利工程与天府文化				
古人智慧给你的启发				
绘制水利工程原理简图				

2. 青城山的自然环境特征及道教文化对青城山的影响

（1）学生探究青城山的地形、气候对植被的影响，进行植被采样并做好记录。

青城山景色

组长		小组成员	
植被采样	植被采样名称	叶片形状、大小（针叶、阔叶）	采集地点（山脚、山腰、山顶）
探究植被分布的影响因素			

（2）学生探究道教文化对青城山的自然、人文影响，并回答以下问题：

上清宫

人与文化

①你从青城山了解到了哪些道教方面的知识?

②青城山是我国道教发源地,这与其地理环境有何关系?

③典范人物(道教)对区域文化有哪些影响?

④区域文化的形成与自然环境有何关系?请举例说明。

125

（三）活动评价

评价内容	评价标准	自我评价	小组评价	老师评价
活动准备	认真观看视频并查阅了青城山—都江堰风景名胜区的相关知识，准备充分 ★★★★ 对老师提供的知识只做了粗略的了解 ★★★ 没有看视频，只查阅资料 ★★ 没有了解 ★			
团队协作	团队协作意识强、任务完成好 ★★★★ 团队协作意识较强、任务完成较好 ★★★ 团队协作意识与任务完成一般 ★★ 团队协作意识与任务完成较差 ★			
活动过程	遵照流程，有序并认真开展活动 ★★★★ 遵照流程，开展情况较好 ★★★ 遵照流程，开展情况一般 ★★ 未遵照流程开展活动，开展情况较差 ★			
活动成果	善于思考、创新力强，收获非常大 ★★★★ 积极参与，收获较大 ★★★ 参与度一般，收获一般 ★★ 参与度很低，收获较少 ★			
通过自我评价，我得到了_____颗星；通过小组评价，我得到了_____颗星；通过老师评价，我得到了_____颗星；我累计得到了_____颗星				
活动反思				

五、活动成果

完成了都江堰水利工程观察记录；完成了植被采集记录，植物标本制作；完成了"道教文化对青城山的自然、人文影响"问题列表。

六、活动拓展

成都，这座美丽富庶的天府之国，有许多令人流连忘返的名胜古迹。除了都江堰—青城山风景名胜区这一世界遗产，还有很多名胜古迹或景点。请你列举一处古迹或景点，从地理的角度，说说它的自然环境特征及对家乡文化、城市建设等方面的影响，可以以探究报告或小论文形式呈现。

武侯祠里话孔明　鞠躬尽瘁济天下

一、知识一览

成都武侯祠博物馆，位于四川省成都市武侯区武侯祠大街231号，占地15万平方米，由惠陵、汉昭烈庙、武侯祠、三义庙组成的三国历史遗迹区，川军抗战将领刘湘陵园为主体的西区和体现川西民风民俗的锦里民俗区三大部分组成。武侯祠是民众对蜀汉丞相诸葛亮"鞠躬尽瘁死而后已"精神的肯定和赞誉的载体，也是三国遗迹源头。1961年被列为全国重点文物保护单位。1984年成立成都武侯祠博物馆，2008年被评为首批国家一级博物馆，享有"三国圣地"之美誉。成都武侯祠博物馆为国家一级博物馆，是中国唯一一座君臣合祀祠庙和最负盛名的诸葛亮、刘备等蜀汉英雄纪念地，也是全世界影响最大的三国遗迹博物馆。很多人都说，没有去过武侯祠，就没有到过成都！

二、活动目标

通过对材料的品读和体悟，进一步感受诸葛亮的高洁品质和璀璨光芒，培养学生积极向美的人生志向。

通过"学科综合实践活动课程"的教学形式，掌握深度分析人物形象的方法，提高学生品评人物的综合能力，增强典范人物对青年学生的积极影响。

通过小组合作、多角度的参观体验，重构诸葛亮的人物形象，感受他"鞠躬尽瘁、兼济天下"的崇高人格，厚植学生的爱国主义情怀。

三、活动准备

（一）问题探究

主问题：如何重构诸葛亮的人物形象？

子问题1："闲"话孔明：诸葛亮的"民间形象"是什么样的？

子问题2："文"话孔明：诸葛亮的"文学形象"是什么样的？

子问题3："史"论孔明：诸葛亮的"历史形象"是什么样的？

子问题4：重构诸葛亮的人物形象，我们能在他的身上学到什么？

（二）前期准备

1. 学生准备

（1）每5—6人成立一个研学小组，各组推选一名小组长，以进行研学活动的分工协调和组织。

（2）查找相关资料，完成下列任务卡，思考相应问题。

"三国"文化常识任务卡

班级：_____姓名：_____

①到底是"武侯祠"还是"汉昭烈庙"？为什么不直接叫作"诸葛亮祠"？（关于景点）

②"武侯祠"中的哪副对联给你印象最深？为什么？（关于文史）

③以下内容需要结合三国历史及相关文学作品（如《三国志》《前出师表》《后出师表》《诫子书》）思考：

A. 群雄并起时，诸葛亮为何没有像其他人一样投靠一个强大的靠山，相反却"躬耕于南阳"，宁愿做一个隐居的山人？

B. 三国鼎立时，诸葛亮为何尽忠于并不强大的蜀汉政权且为刘氏父子贡献毕生精力？

④收集历史资料，按照时间先后顺序，概括人物事略。

未出茅庐，躬耕南阳。

既出茅庐，追随先主。

白帝托孤，辅佐后主。

2. 教师准备

（1）收集与诸葛亮相关的文史资料，供学生在做研学任务时查阅。（诗歌类和对联类可用于诵读。）

【知识链接】

- 诗歌类

八阵图
杜甫

功盖三分国,名成八阵图。江流石不转,遗恨失吞吴。

书愤
陆游

早岁那知世事艰,中原北望气如山。楼船夜雪瓜洲渡,铁马秋风大散关。
塞上长城空自许,镜中衰鬓已先斑!出师一表真名世,千载谁堪伯仲间!

待时歌
电视剧《诸葛亮》主题歌歌词

凤翱翔于千仞兮,非梧不栖;士伏处于一方兮,非主不依。
乐躬耕于陇亩兮,吾爱吾庐;聊寄傲于琴书兮,以待天时。
鹏奋飞于北溟兮,击水千里;展经纶于天下兮,开创镃基。
救生灵于涂炭兮,到处平夷;立功名于金石兮,拂袖而归。

咏怀古迹
杜甫

诸葛大名垂宇宙,宗臣遗像肃清高。三分割据纡筹策,万古云霄一羽毛。
伯仲之间见伊吕,指挥若定失萧曹。运移汉祚终难复,志决身歼军务劳。

临江仙·滚滚长江东逝水
杨慎

滚滚长江东逝水,浪花淘尽英雄。
是非成败转头空。青山依旧在,几度夕阳红。
白发渔樵江渚上,惯看秋月春风。
一壶浊酒喜相逢。古今多少事,都付笑谈中。

· 对联类

定军山武候祠对联
义胆忠肝，六经以来二表；
托孤寄命，三代而后一人。

佚名
收二川，排八阵，六出七擒，五丈原前，点四十九盏明灯，一心只为酬三顾；
取西蜀，定南蛮，东和北拒，中军帐里，变金木土爻神卦，水面偏能用火攻。

佚名
一生惟谨慎，七擒南渡，六出北征，何期五丈崩摧，九代志能遵教受；
十倍荷褒荣，八阵名成，两川福被，所合四方精锐，三分功定属元勋。

游俊题过厅
三顾频烦天下计；
一番晤对古今情。

陈矩题诸葛亮殿
唯德与贤，可以服人，三顾频烦天下计；
如鱼得水，昭兹来许，一体君臣祭祀同。

瞿朝宗题诸葛亮殿
讨贼竭忠贞，沥胆披肝，天下文章惟两表；
奇才根静学，清心寡欲，隆中半策定三分。

● 文章类

诫子书
夫君子之行，静以修身，俭以养德。非澹泊无以明志，非宁静无以致远。夫学须静也，才须学也，非学无以广才，非志无以成学。淫慢则不能励精，险躁则不能治性。年与时驰，意与日去，遂成枯落，多不接世，悲守穷庐，将复何及！

《隆中对》选段

自董卓已来，豪杰并起，跨州连郡者不可胜数。曹操比于袁绍，则名微而众寡，然操遂能克绍，以弱为强者，非惟天时，抑亦人谋也。今操已拥百万之众，挟天子而令诸侯，此诚不可与争锋。孙权据有江东，已历三世，国险而民附，贤能为之用，此可以为援而不可图也。荆州北据汉、沔，利尽南海，东连吴会，西通巴、蜀，此用武之国，而其主不能守，此殆天所以资将军，将军岂有意乎？益州险塞，沃野千里，天府之土，高祖因之以成帝业。刘璋暗弱，张鲁在北，民殷国富而不知存恤，智能之士思得明君。将军既帝室之胄，信义著于四海，总揽英雄，思贤如渴，若跨有荆、益，保其岩阻，西和诸戎，南抚夷越，外结好孙权，内修政理；天下有变，则命一上将将荆州之军以向宛、洛，将军身率益州之众出于秦川，百姓孰敢不箪食壶浆以迎将军者乎？诚如是，则霸业可成，汉室可兴矣。

《出师表》选段

臣本布衣，躬耕于南阳，苟全性命于乱世，不求闻达于诸侯。先帝不以臣卑鄙，猥自枉屈，三顾臣于草庐之中，咨臣以当世之事，由是感激，遂许先帝以驱驰。后值倾覆，受任于败军之际，奉命于危难之间，尔来二十有一年矣。

· 史传类

三国志·蜀书·诸葛亮传

初，亮自表后主曰："成都有桑八百株，薄田十五顷，子弟衣食，自有余饶。至于臣在外任，无别调度，随身衣食，悉仰于官，不别治生，以长尺寸。若臣死之日，不使内有余帛，外有赢财，以负陛下。"及卒，如其所言。

> **三国志·蜀书·诸葛亮传**
>
> 诸葛亮之为相国也，抚百姓，示仪轨，约官职，从权制，开诚心，布公道；尽忠益时者虽仇必赏，犯法怠慢者虽亲必罚，服罪输情者虽重必释，游辞巧饰者虽轻必戮；善无微而不赏，恶无纤而不贬；庶事精炼，物理其本，循名责实，虚伪不齿；终于邦域之内，咸畏而爱之，刑政虽峻而无怨者，以其用心平而劝戒明也。可谓识治之良才，管、萧之亚匹矣。然连年动众，未能成功，盖应变将略，非其所长欤！

（2）历史老师讲解"三国"的概况及历史上诸葛亮的主要事迹。

（3）地理老师讲解"三国"的地理概况及各国行政区划。

（4）名著阅读老师讲解《三国演义》中与诸葛亮有关的重点章节（三顾茅庐、白帝托孤、星落秋风五丈原等）。

（5）语文老师讲解与诸葛亮相关的重要诗文，如《诫子书》《出师表》《隆中对》等内容。

3. 其他准备

印制学生任务卡（每人一份）、研学资料集（每个研学小组一份）。

四、活动过程

（一）活动流程

流程一	组织学生集合，强调安全要求及文明礼仪，乘车前往成都武侯祠博物馆
流程二	学生分班听工作人员讲解，适时做好记录
流程三	学生分小组进行"重读孔明"研学活动
流程四	分班进行诗文朗诵活动并录制视频
流程五	组织学生返校，做活动总结，学生回家完成诸葛亮评传撰写

人与文化

（二）活动探究

1. 听讲解，做笔记

学生跟随武侯祠讲解员参观武侯祠，记录自己印象深刻的讲解词，对参观内容做简要的记录。

静远堂

2. "重读孔明"研学活动

参观后,各研学小组根据参观前所收集的资料,以及对相关文史资料的阅读,从不同角度概括诸葛亮的人物形象特点。

诸葛亮之民间形象:

诸葛亮之文学形象:

诸葛亮之历史形象:

3. 班级诗文朗诵比赛

各班学生在武侯祠过厅集中,以班为单位,自选与诸葛亮有关的诗文,进行朗诵比赛活动。

武侯祠过厅

4. 撰写诸葛亮评传（活动结束后，回家完成）

根据前期文史资料学习以及武侯祠参访体验及研学讨论的收获，学生写一篇 1000 字左右的诸葛亮评传，要求如下：

（1）概述诸葛亮生平主要事迹。

（2）抓住不少于三件典型事迹，运用恰当的议论和抒情，来表现诸葛亮的内心和思想境界。

（3）表达在自己心目中诸葛亮有着怎样的地位，以及诸葛亮对自己有哪些方面的影响。

（三）活动评价

1. 武侯祠班级朗诵比赛评价

评分细则					
班级序号	朗诵作品名称	思想内容（4分）主题鲜明，表现出作品的真实情感	语言表达（4分）普通话标准，口齿清晰，有表现力、感染力	形象分度（2分）精神饱满，姿态大方得体	总分（满分10分）
1班					
2班					
3班					
4班					
5班					
6班					
7班					
8班					

2. 武侯祠研学活动评价

研学完成时间：	年	月	日
研学组长签字		指导老师签字	

评价学生研究性学习课程成绩（按等级把相应数量的空五角星填成实心）

	姓名	自我评价	小组成员互评	指导老师评价
小组成员		☆☆☆☆☆	☆☆☆☆☆	☆☆☆☆☆
		☆☆☆☆☆	☆☆☆☆☆	☆☆☆☆☆
		☆☆☆☆☆	☆☆☆☆☆	☆☆☆☆☆
		☆☆☆☆☆	☆☆☆☆☆	☆☆☆☆☆
		☆☆☆☆☆	☆☆☆☆☆	☆☆☆☆☆
		☆☆☆☆☆	☆☆☆☆☆	☆☆☆☆☆

注1：研学活动综合评价标准：五星（出色完成所承担的任务，起到了骨干作用）；四星（比较圆满地完成了分担的任务）；三星（能够参加并完成所承担的任务）；二星（参加活动不积极或没有完成所承担的任务）。

注2：自我评价与小组成员互评主要依据活动过程表现来打分；老师评价主要依据诸葛亮评传撰写水平来打分；每个小组中，获五星的同学原则上不超过两名。

五、活动成果

1. 文字性成果

诸葛亮评传或研学心得报告。

2. 图片性成果

活动小报。

3. 视频成果

诗文朗诵视频剪辑。

六、活动拓展

1. 武侯祠研学再参访

根据实际情况参观勉县武侯祠、南阳武侯祠、襄阳武侯祠或兰溪武侯祠。

2. 诸葛亮治蜀研究

根据实际情况参观九里堤、万里桥、蜀汉王宫。

3. 重走诸葛亮的"北伐与南征"路

根据实际情况到访汉中、宝鸡陈仓、岐山五丈原、泸水、雅安孟获城。

爱国孤愤薄斗牛　锦官城中寻草堂

一、知识一览

茅屋

"两个黄鹂鸣翠柳，一行白鹭上青天。窗含西岭千秋雪，门泊东吴万里船。"这是诗圣杜甫在浣花溪草堂闲居时对成都春景的描绘。公元759年冬天，杜甫为避"安史之乱"，由陇右（今甘肃省南部）入蜀来到成都。在友人的帮助下，于浣花溪畔修建茅屋并在此居住近四年，后人称杜甫所居茅屋为"成都草堂"。唐末诗人韦庄寻得草堂遗址，重结茅屋，使之得以保存。此后草堂屡兴屡废，后人进行了多次的重建和修缮。其中最大的两次重修——明弘治十三年（1500年）和清嘉庆十六年（1811年）的整修，基本上奠定了今日草堂的规模和布局。1952年，杜甫草堂又经全面整修后，正式对外开放。1984年，更名为成都杜甫草堂博物馆。

成都杜甫草堂博物馆位于四川省成都市青羊区青华路37号，占地面积近20万平方米。建筑古朴典雅、园林清幽秀丽，是中国文学史上的一块圣地。该博物馆是首批全国重点文物保护单位、首批国家一级博物馆、全国古籍重点保护单位、国家 AAAA 级旅游景区、全国中小学生研学实践教育基地，也是中国规模最大、保存最完好、知名度最高且最具特色的杜甫遗迹，年游客量达百万余人次。

让我们沿着梧桐掩映的林荫道，一起感受诗人杜甫诗意氛围浓厚的田园故居吧。

二、活动目标

了解诗人生平经历，让学生用情节曲线图或思维导图绘制杜甫的生平经历。通过现场听讲解，让学生体会诗人的忧国忧民情怀，探究诗人的精神品质，培养爱国主义情怀。

诗歌的内容反映时代风貌，折射出诗人对社会现象和社会问题的忧虑。杜甫的诗歌具有划时代意义，通过开展推荐杜甫诗歌的活动，撰写推荐词，让学生在理解、感悟和运用杜甫诗歌的过程中，提高品鉴诗歌的能力及语言运用的能力。

杜甫是唐诗思想艺术集大成者，他的诗歌反映了为人民歌唱的现实主义精神，他对中国诗歌的影响是源远流长的。在其引领之下，通过小组自主合作探究，结合多角度的参观体验，捕捉事物的特征，让学生表达自己对伟大诗人、对时代、对国家的独特感受，提升诗歌写作的能力。

三、活动准备

（一）问题探究

主问题：诗圣杜甫有怎样的情怀，给你带来了怎样的影响？

子问题1：杜甫有怎样的生平经历？他的诗歌作品展现出了什么样的诗人特质？

子问题2：你能成功地向他人推荐一首杜甫创作的诗歌吗？

子问题3：你能创作一首诗歌吗？

（二）前期准备

1. 学生准备

收集了解杜甫生平、杜甫在草堂的生活及相关诗歌等资料（推荐《杜甫传》，冯至著，人民文学出版社），以小组为单位准备5首诗歌，进行现场吟诵；用情节曲线图或思维导图画出他的人生经历，初步感知杜甫跌宕起伏的人生经历，标注出你最感兴趣的一段经历，参观时做进一步了解。

2. 教师准备

协调学生分组，明确组长责任，督促组长合理分工，指导查阅资料。

3. 其他准备

带好查阅的资料、笔、笔记本、手机、相机等。

四、活动过程

（一）活动流程

流程一	组织学生集合，强调安全要求及文明礼仪，乘车前往成都杜甫草堂博物馆
流程二	分组参观，听讲解、做笔记
流程三	推荐诗歌并撰写推荐词
流程四	自主创作诗歌
流程五	组织学生返校，做活动总结，将推荐词与创作的诗歌汇集起来

（二）活动探究

1. 我眼中的杜甫

（1）学生结合杜甫的生平经历和杜甫的主要作品，谈一谈杜甫最具何种精神品质？为什么？

【知识链接】

——— 茅屋为秋风所破歌 ———

八月秋高风怒号，卷我屋上三重茅。茅飞渡江洒江郊，高者挂罥长林梢，下者飘转沉塘坳。

南村群童欺我老无力，忍能对面为盗贼。公然抱茅入竹去，唇焦口燥呼不得，归来倚杖自叹息。

俄顷风定云墨色，秋天漠漠向昏黑。布衾多年冷似铁，娇儿恶卧踏里裂。床头屋漏无干处，雨脚如麻未断绝。自经丧乱少睡眠，长夜沾湿何由彻！

安得广厦千万间，大庇天下寒士俱欢颜，风雨不动安如山。呜呼！何时眼前突兀见此屋，吾庐独破受冻死亦足！

石壕吏

暮投石壕村，有吏夜捉人。老翁逾墙走，老妇出门看。
吏呼一何怒！妇啼一何苦。听妇前致词，三男邺城戍。
一男附书至，二男新战死。存者且偷生，死者长已矣！
室中更无人，惟有乳下孙。有孙母未去，出入无完裙。
老妪力虽衰，请从吏夜归。急应河阳役，犹得备晨炊。
夜久语声绝，如闻泣幽咽。天明登前途，独与老翁别。

新安吏

客行新安道，喧呼闻点兵。借问新安吏："县小更无丁？"
"府帖昨夜下，次选中男行。""中男绝短小，何以守王城？"
肥男有母送，瘦男独伶俜。白水暮东流，青山犹哭声。
"莫自使眼枯，收汝泪纵横。眼枯即见骨，天地终无情！
我军取相州，日夕望其平。岂意贼难料，归军星散营。
就粮近故垒，练卒依旧京。掘壕不到水，牧马役亦轻。
况乃王师顺，抚养甚分明。送行勿泣血，仆射如父兄。"

潼关吏

士卒何草草，筑城潼关道。大城铁不如，小城万丈余。
借问潼关吏："修关还备胡？"要我下马行，为我指山隅：

"连云列战格,飞鸟不能逾。胡来但自守,岂复忧西都。
丈人视要处,窄狭容单车。艰难奋长戟,万古用一夫。"
"哀哉桃林战,百万化为鱼。请嘱防关将,慎勿学哥舒!"

新婚别

兔丝附蓬麻, 引蔓故不长。嫁女与征夫, 不如弃路旁。
结发为君妻, 席不暖君床。暮婚晨告别, 无乃太匆忙!
君行虽不远, 守边赴河阳。妾身未分明, 何以拜姑嫜?
父母养我时, 日夜令我藏。生女有所归, 鸡狗亦得将。
君今往死地, 沉痛迫中肠。誓欲随君去, 形势反苍黄。
勿为新婚念, 努力事戎行! 妇人在军中, 兵气恐不扬。
自嗟贫家女, 久致罗襦裳。罗襦不复施, 对君洗红妆。
仰视百鸟飞, 大小必双翔。人事多错迕, 与君永相望!

无家别

寂寞天宝后, 园庐但蒿藜。我里百余家, 世乱各东西。
存者无消息, 死者为尘泥。贱子因阵败, 归来寻旧蹊。
久行见空巷, 日瘦气惨凄。但对狐与狸, 竖毛怒我啼。
四邻何所有? 一二老寡妻。宿鸟恋本枝, 安辞且穷栖。
方春独荷锄, 日暮还灌畦。县吏知我至, 召令习鼓鞞。
虽从本州役, 内顾无所携。近行止一身, 远去终转迷。
家乡既荡尽, 远近理亦齐。永痛长病母, 五年委沟溪。
生我不得力, 终身两酸嘶。人生无家别, 何以为蒸黎!

垂老别

四郊未宁静,垂老不得安。子孙阵亡尽,焉用身独完?
投杖出门去,同行为辛酸。幸有牙齿存,所悲骨髓干。

男儿既介胄，长揖别上官。老妻卧路啼，岁暮衣裳单。
孰知是死别？且复伤其寒。此去必不归，还闻劝加餐。
土门壁甚坚，杏园度亦难。势异邺城下，纵死时犹宽。
人生有离合，岂择衰盛端。忆昔少壮日，迟回竟长叹。
万国尽征戍，烽火被冈峦。积尸草木腥，流血川原丹。
何乡为乐土？安敢尚盘桓？弃绝蓬室居，塌然摧肺肝。

春夜喜雨

好雨知时节，当春乃发生。随风潜入夜，润物细无声。
野径云俱黑，江船火独明。晓看红湿处，花重锦官城。

春望

国破山河在，城春草木深。感时花溅泪，恨别鸟惊心。
烽火连三月，家书抵万金。白头搔更短，浑欲不胜簪。

闻官军收复河南河北

剑外忽传收蓟北，初闻涕泪满衣裳。
却看妻子愁何在，漫卷诗书喜欲狂。
白日放歌须纵酒，青春作伴好还乡。
即从巴峡穿巫峡，便下襄阳向洛阳。

登楼

花近高楼伤客心，万方多难此登临。
锦江春色来天地，玉垒浮云变古今。
北极朝庭终不改，西山寇盗莫相侵。
可怜后主还祠庙，日暮聊为《梁甫吟》。

―― 蚕谷行 ――

天下郡国向万城，无有一城无甲兵！焉得铸甲作农器，一寸荒田牛得耕？
牛尽耕，蚕亦成，不劳烈士泪滂沱，男谷女丝行复歌。

―― 白帝 ――

白帝城中云出门，白帝城下雨翻盆。
高江急峡雷霆斗，翠木苍藤日月昏。
戎马不如归马逸，千家今有百家存。
哀哀寡妇诛求尽，恸哭秋原何处村？

―― 月夜 ――

今夜鄜州月，闺中只独看。遥怜小儿女，未解忆长安。
香雾云鬟湿，清辉玉臂寒。何时倚虚幌，双照泪痕干。

（2）学生参观杜甫草堂，根据讲解员的讲解，记录杜甫寓居成都的原因，其最显著的精神品质等。

柴门

人与文化

项目	内容
杜甫寓居成都的原因	
杜甫身上最显著的精神品质	
杜甫的精神品质与同时期的哪些诗人较为相近	

2."杜甫精神"推荐官

学生向他人推荐一首杜甫创作的诗歌并撰写推荐词。

诗圣千秋

（1）推荐哪一首？

（2）请把推荐词写下来。

147

3. 我也是"小杜甫"

请学生根据参观经历，以小组为单位合作创作一首诗歌作品。（五言诗、对联或自由诗）

【范例】

- 对联：

> 草堂留后世，诗圣著千秋。
> ——朱德

- 诗歌：

> 李杜文章在，光焰万丈长。
> 不知群儿愚，那用故谤伤。
> 蚍蜉撼大树，可笑不自量！
> 伊我生其后，举颈遥相望。
> ——节选自韩愈《调张籍》

- 自由诗：

上天要他高尚，所以让他平凡；他的日子像白米，每粒都是艰难。历史跟他相比，只是一段插曲；战争若知道他，定会停止干戈。痛苦，也要在他身上寻找深度。上天赋予他不起眼的躯壳，装着山川、风物、丧乱和爱，让他一个人活出一个时代。

——黄灿然 《杜甫》（有删改）

诗歌作品：

（三）活动评价

评价内容	评价标准	小组自评	小组互评	老师评价
活动准备	准备充分 ★★★★ 准备较充分 ★★★ 准备不充分 ★★ 无准备 ★			
聆听表现	认真记录，积极思考 ★★★★ 记录较完整，缺少思考 ★★★ 记录不太完整，未作思考 ★★ 无兴趣参与 ★			
推荐表现	推荐词新颖独特、说服力强 ★★★★ 推荐词新颖独特、有一定说服力 ★★★ 推荐词一般、说服力一般 ★★ 推荐词太勉强、无说服力 ★			
创作表现	语言凝练、主题突出 ★★★★ 语言较凝练、主题较突出 ★★★ 语言不精练、主题不突出 ★★ 语言无诗意、无主题 ★			

通过小组自评，我们得到了＿＿颗星；通过小组互评，我们得到了＿＿颗星；通过老师评价，我们得到了＿＿颗星；我们累计得到了＿＿颗星

活动成果	

五、活动成果

推荐词集，诗歌创作集。

六、活动拓展

成都历来是个人杰地灵的地方，自古至今，在这片宝地上孕育出了许多像杜甫一样的文人墨客，有西蜀子云亭的主人扬雄，有一赋值千金的司马相如，有不见来者的陈子昂……请学生像探寻杜甫精神一样，选择其中任意一个人物，进行生平经历、代表诗歌及精神品质的探究。并用文字写出探究结果，作品体裁不限，诗歌、散文均可。

品尝天府之美食　传承巴蜀之文化

一、知识一览

　　成都川菜博物馆位于成都市郫都区古城镇，2005年由厨师苟德私人投资开建。该馆以继承川菜文化传统、弘扬四川美食为宗旨，是世界唯一以菜系文化为陈列内容的活态主题博物馆。它占地约2.67万平方米，有藏品6000余件，分为典藏馆、互动演示馆、品茗休闲馆、灶王祠、川菜原料加工工具展示区，包含川菜、川酒、川茶、川戏、川派建筑、川式园林等四川本土文化的重要内容，是一座可以看、可以吃，还可以动手做的博物馆。在典藏馆，你可以了解到川菜文化的起源、演变、发展及形成，知晓不同历史时期的生产力发展水平、人们的生活习惯和审美需求。在互动演示馆，你可以现场领略和体验川菜的刀功、火候及成菜过程；可以参与互动，尝试做一道自己喜欢的菜肴，深入了解川菜的就餐形式，体味川菜文化的独特艺术魅力；还可以满足你早已蠢蠢欲动的"吃货"味蕾。成都川菜博物馆不仅是了解川菜文化精髓的好去处，还是新时代中小学开展五育融合教育的重要资源。

成都川菜博物馆导游全景图

二、活动目标

深入了解巴蜀饮食文化，利用本次活动，让学生积累更多的英语词汇，掌握对外传播巴蜀美食文化的语言技能，提升学生的语言能力和文化意识等方面的英语学科核心素养。

通过亲自动手制作川菜的实践活动，让学生体验做菜这一基本的生活技能，培养学生自主自理的意识，使学生树立正确的劳动观念及养成良好的劳动习惯。

激发学生对家乡和传统文化的热爱之情，培养学生对家乡的强烈归属感和建设家乡的使命感，培养学生热爱生活的价值情感，并体会一餐一食来之不易，使学生怀揣感恩之心。

三、活动准备

（一）问题探究

主问题：如何传播巴蜀美食文化？

子问题1：什么是巴蜀美食文化？

子问题2：如何制作一道川菜？

子问题3：如何运用英语介绍最受欢迎的川菜？

（二）前期准备

1. 学生准备

通过查阅相关书籍或上网搜集资料，并向家长了解川菜的历史演变、习俗以及制作流程等。

2. 教师准备

组织学生分组，给学生提供相关书籍或可供搜集资料的相关网站及资源。

3. 其他准备

学生在活动前分组讨论并完成美食海报制作，携带海报参与此次活动。

四、活动过程

（一）活动流程

流程一	组织学生集合，强调安全要求及文明礼仪，乘车前往川菜博物馆
流程二	学生分班级参观川菜博览馆，做好记录
流程三	学生分小组制作、品尝川菜
流程四	学生以小组为单位，结合小组在活动前制作的海报，用英语分享小组内最受欢迎的川菜
流程五	组织学生返校，做活动总结

（二）活动探究

1. 探秘巴蜀美食

川菜发展史博物馆

学生参观川菜发展史博物馆，聆听讲解员的讲解，记录川菜的发展阶段、巴蜀美食的派系和特点。

川菜的发展阶段	
巴蜀美食的派系	
巴蜀美食的特点	

2. 我是小小美食家

互动演示馆

学生制作并品尝川菜。同时，用英语记录这道川菜的原材料和烹饪流程等。

菜名 (Name of the Dish)	
原材料 (Ingredients)	
烹饪流程 (Cooking Steps)	
评价 (Comments)	

3. 我为川菜代言

学生在制作和品尝川菜后，结合小组在活动前制作的美食海报，用英语记录小组内最受欢迎的川菜的历史故事、原材料及烹饪流程、流行原因等。

最受欢迎的川菜 （Name of the most popular Sichuan cuisine）	
历史故事讲述 （History of the most popular Sichuan cuisine）	
原材料及烹饪流程 （How to cook the dish）	
流行原因 （Reasons why people like it best）	

（三）活动评价

评价内容	评价标准	自我评价	小组评价	老师评价
历史故事讲述	语言流畅，故事内容清晰生动 ★★★ 比较流利，语言描述一般，信息有所遗漏 ★★ 未明确分享故事 ★			
原材料及烹饪流程	信息完整，思路清晰，口语流利 ★★★ 信息基本完整，思路较清晰，口语较流利 ★★ 思路较混乱，表述较困难 ★			
流行原因	语言流畅，合理且有逻辑性 ★★★ 语言比较流畅，表述较为合理 ★★ 表述有一定困难，逻辑性较差 ★			
海报	成果突出，图片精美，内容富有创新力 ★★★ 信息基本完整，质量较好 ★★ 信息不完整，成果质量较差 ★			

通过自我评价，我得到了_____颗星；通过小组评价，我得到了_____颗星；通过老师评价，我得到了_____颗星；我累计得到了_____颗星

活动反思	

五、活动成果

进行了现场制作的美食成果展示，小组合作完成的美食海报展示。

六、活动拓展

活动后，学生根据小组之前制作的海报内容及在参观过程中所了解的信息，在家亲自完成一道川菜的制作，在录制的过程中需要运用英语流利地介绍制作流程并与家人分享这道菜。学生完成录制视频后，通过网络的形式进行分享，传播巴蜀川菜文化。

人与文化

探寻非遗展风采　传承文化立根基

一、知识一览

成都国际非物质文化遗产博览园位于成都市青羊区光华大道二段601号。2009年8月，经国家文化部批准，成都成为国际非遗文化节的永久会址。国际非遗博览园落户成都，成为非遗文化节的永久载体，非遗生产性保护的永久平台。世界瞩目的国际非物质文化遗产节，极大地提升了成都在世界的文化地位，为成都经济文化的对外交流提供充沛的发展动力。成都国际非物质文化遗产博览园，于全球之先，开创纵览世界文明的东方时代。成都，在非遗文化的保护与传承之路上，已走在世界前列。

二、活动目标

通过参观成都国际非物质文化遗产博览园，让学生了解世界非遗文化精粹。通过参观各个文化主题风格各异的非遗主题展馆、建筑、景观等，挖掘背后的神话、传说、故事等，让学生感受中华文化的丰富性和多样性，进一步深刻了解中华民族的精工技艺和璀璨文明。

通过以讲代学的形式，鼓励学生在参观时有针对性地记录非物质文化遗产的各种实践、表演、表现形式、知识体系和技能及有关的工具、实物、工艺品和文化场所特色，并进行一定程度的整合。从中评选出优秀的导游词，再让学生进行充分的表达，展现出自我风采，从而充分锻炼学生的综合能力。

通过体验互动性的非遗文化传统手工技术、多元化的休闲娱乐项目、非遗节日庆典活动，以及人性化的非遗文化科普教育等，在非遗文化盛宴现场了解并弘扬中华非遗文化，增强学生的民族自尊心和自豪感。

三、活动准备

（一）问题探究

主问题：保护非物质文化遗产的重要意义是什么？

子问题1：中国有哪些主要的非物质文化遗产？

子问题2：非物质文化遗产的历史、文化、精神价值是什么？

子问题3：如何弘扬、传承非物质文化遗产？

（二）前期准备

1. 学生准备

（1）根据本次活动的目的和要求进行相关安排，查阅成都国际非物质文化遗产博览园的相关资料，并自主进行分组。

（2）根据撰写导游词的要求进行相关准备，收集导游景点的相关资料，了解景点的最大特色，景点的形成以及背后的神话、传说、故事等，对收集的资料进行筛选，选出最能打动游客的资料，作为导游词的素材。

2. 教师准备

（1）语文老师讲解撰写导游词的具体格式，一般有前言、总述、分述、结尾四个部分。

（2）由于博览园举办的活动种类较多，老师需提前与博览园联系接洽，确认参观当天博览园能提供的体验活动，每个活动学生的参与方式与人数。

四、活动过程

（一）活动流程

流程一	组织学生集合，强调安全要求及文明礼仪，乘车前往成都国际非物质文化遗产博览园
流程二	到达后在博览园前集合，清点人数
流程三	集体前往博览园会议室，聆听博览园工作人员讲解
流程四	分组参观博览园，每班间隔2分钟

人与文化

流程五	开展"我是小导游"展示活动
流程六	各班参与手工制作活动，每一位学生制作一件作品
流程七	组织学生返校，做活动总结

（二）活动探究

1. 初识非遗博览园

到达后，请博览园工作人员普及非遗文化的相关知识。如非物质文化遗产是以人为本的活态文化遗产，它是各种以非物质形态存在的、与人民群众生活密切相关的、世代相承的传统文化的表现形式，具有独特性、民族性、传承性等特点。再如，博览园立足于全人类非遗文化的传承和保护，以"记忆、传承、欢乐、和谐"为宗旨，把保护传承非物质文化遗产事业与打造特色文化产业有机结合，规划了五洲情、世纪舞、百味戏、西城事、时空旅五大片区。

2. "我是小导游"导游词撰写

学生在参观博览园的过程中，通过图片、文字、音频等相关资料，了解非物质文化遗产的各种展示实践，包括表演、表现形式，知识体系和技能及有关的工具、实物、工艺品和文化场所，以自己最感兴趣或最有特色的一个区域为对象撰写导游词。

【导游词范例】

姓名	×××	展区	"百家宴"美食街区
前言	（前言是向大家表示问候、欢迎和进行自我介绍的话） 各位游客，你们好！欢迎来到非遗博览园的"百家宴"美食街区		
总述	（总述是对游览景点进行总的介绍） 自古民以食为天，中华民族五千年的历史长河中，饮食文化源远流长。我国多种美食的制作技艺被纳入了非物质文化遗产的保护项目中，"百家宴"美食街区也是博览园二期百味戏组团内最能吸引游客的一个单元		

分述	（分述是导游词的重点，要对所选的景观逐一进行生动、具体的解说） "百家宴"美食街区汇集了传统美食及其制作技艺的互动性表演，国内外各类美食、地方小吃、中华老字号、特色餐饮等多样化的美食种类和多层级的餐饮空间，为游客带来了丰富的饮食体验。街区还融合中国古代文化中最具美感与精神气质的"兰"文化主题，聚合兰之风雅，食之渊源，雅俗共赏，情义共鸣，让游客们畅享文化与味蕾的奇妙旅程。集饮食之精妙，汇美食之美韵，展活态非遗之情艺，树传统风尚之礼节，街区完美体现了中华传统饮食文化中饮食品质、审美体验、情感活动、社会功能所包含的独特文化意蕴
结尾	（结尾是向游客表示感谢和告别的话） 本街区的游览到此结束，希望大家能有一段愉快的旅行

学生参照范例，在下方撰写"导游词"。

姓名		展区	
前言			
总述			

分述	
结尾	

3. "我是小导游"风采展

（1）组内阅读撰写的导游词，选出本小组最具特色的导游词。

（2）分班级进行导游词讲解展示。

（3）选出"最具风采导游""最具魅力导游""最具人气导游"等。

"我是小导游"风采展评价标准

评价项目	分值	要求	得分
内容	3分	材料真实生动，形式丰富多样，讲稿结构严谨，文字简练流畅	
语言表达	3分	吐字清晰，声音洪亮圆润，表达自然流畅，抑扬顿挫，能熟练地表达内容	
仪容仪表	2分	精神饱满，举止自然得体，能较好地运用动作、手势、表情	
会场效果	2分	小导游具有较强的感染力，能较好地调动听众的情绪	
合计得分			

163

4. 非遗巧手 DIY

由工作人员带领各个班级进入博览园，学生根据博览园的安排选择自己感兴趣的手工制作体验活动，如"手绘脸谱""竹编""扎染""团扇""香牌"等。

手绘脸谱

体验项目	
制作流程	
制作感受	

（三）活动评价

评价内容	评价标准 （非常好 ★★★　好 ★★　一般 ★）	小组自评	小组互评	老师评价
活动准备	活动准备充分，责任心强			
	实践活动计划详细可行，并能根据实际情况进行完善			
活动管理	组长责任心强，履行指导责任，能协调好小组之间、组员之间的关系			
	组长对组员管理严格，保证实践过程的安全			
	组员配合组长的管理			
活动开展	严格按照实践活动计划开展工作			
	配合实践活动小组的安排			
	学生积极主动，勤学好问，能够理论联系实际			
	积极参加实践活动小组安排的集体活动			
	学生在人际交往能力、沟通协调能力、反应能力、学习能力、团队意识等综合素质方面有所提升			
活动成效	圆满完成实践活动计划			
	对实践单位提出建设性意见			

通过小组自评，我们得到了____颗星；通过小组互评，我们得到了____颗星；通过老师评价，我们得到了_____颗星；我们累计得到了_____颗

活动反思	

五、活动成果

完成了"我是小导游"风采展和非遗手工制作体验活动。

六、活动拓展

非物质文化遗产是中华民族古老的生命记忆和活态流变，随着国家从各方面加强对非遗的保护力度，我们身边出现了更多的非物质文化遗产。请学生寻找生活中的非遗身影，并用照片的形式记录下来，制作成"生活中的非遗影集"。

此心安处是吾乡　客家文化焕霞光

一、知识一览

洛带古镇景区地处四川省成都市龙泉驿区境内，总面积达2万余平方米。古镇历史底蕴深厚，建于三国蜀汉时期，一街七巷子格局千年未变。洛带古镇是成都近郊保存最为完整的客家古镇，客家文化浓郁，拥有全国重点文物保护单位"四大会馆"等明清客家建筑群50余万平方米，四川客家家风馆等各类客家展馆祠堂50余个。洛带古镇千年老街，客家民居保存完好，尤以"四馆一园"（广东会馆、江西会馆、湖广会馆、川北会馆和客家公园）、燃灯古寺为著。

客家并非是一个民族的概念，而是我国中原汉族的一个分支。公元4世纪前后，中原地区战乱不息、灾荒频繁，成千上万失去家园的灾民不得不向比较平静富庶的南方逃亡。近千年间，他们流移转徙，足迹遍及大半个中国。到了宋代末期至清代中期才逐渐在福建、江西、湖南、四川及台湾等地定居下来。"先到为主，后到为客"，先期在当地居住的人就称这群后来入户的人为"客人"，官府注籍中亦称为客户，以后通称为客家、客家人。明末清初时期的移民运动和"湖广填四川"的历史使这些来自异乡的客家人在四川洛带生了根。经过数百年的繁衍生息，在洛带镇形成了独特的客家风俗和客家文化。洛带古镇也被誉为"中国西部客家第一镇""世界的洛带、永远的客家"。2006年5月25日，洛带会馆（广东会馆、江西会馆、湖广会馆、川北会馆）被国务院列入第六批全国重点文物保护单位。洛带会馆体现了移民文化的丰富，演绎了古典建筑的多彩。

二、活动目标

通过录制"客家文化小主播"短视频，编写"客家文化小作家"短文本和制作客家特色文化明信片等活动，培养学生在生活中用心观察、用心感受体验的能力与习惯，增进学生对客家文化的了解，促进学生思考文化对人的深层影响。

客家文化丰富了中华民族文化的内涵，保护和发扬客家文化有利于中华文化的丰富性、多样性发展。让学生参与文化的弘扬行动，可唤起学生对多元文化的珍视与尊重。

三、活动准备

（一）问题探究

主问题：你了解客家人与客家文化吗？

子问题1：客家文化有哪些外在表现形式？你对哪一种形式最感兴趣？

子问题2：通过对客家文化的感受体验，客家人给你留下了什么样的印象？

（二）前期准备

1. 学生准备

形成小组，每组8人左右，选出组长，在组长带领下进行体验活动；查阅有关资料，明确"客家人""客家文化"等概念，了解"客家"名称由来、历史沿革。

2. 教师准备

协调学生小组成员，明确组长的责任，督促其对成员合理分工；提醒查阅资料。

3. 其他准备

小组准备好相机、手机、笔记本、笔等用品。

四、活动过程

（一）活动流程

流程一	组织学生集合，强调安全要求及文明礼仪，乘车前往洛带古镇景区
流程二	下车后在景区门口分班集合，班主任再次强调活动纪律及要求
流程三	在洛带古镇进行体验活动，学生自备干粮作为午餐或自行体验古镇小吃
流程四	组织学生返校，做活动总结

（二）活动探究

1. 我在洛带古镇的大发现

小组讨论：大家发现了客家文化的哪些外在表现形式？各自对哪一种形式最感兴趣？

各小组分别从客家方言（含童谣民歌）、客家民俗、客家民居建筑、客家历史、客家饮食等方面至少选择两个方面来了解客家文化有哪些外在表现形式，通过拍照、摄像、绘画、记笔记等方式进行收集并做好记录。

项目	选择该项目（划√）	收集形式	有无记录	收集数量
客家方言（含童谣民歌）				
客家民俗				
客家历史				
客家饮食				
客家民居建筑				

2.我感受到的"客家文化味"

（1）学生录制"客家文化小主播"短视频。在下面活动中选择一项进行：

寻找一样洛带古镇的客家特色美食（含小吃），品尝体验后给大家介绍。注意描述出口感，可以查找相关资料，了解这道美食的名称由来、制作流程与特色，注意表现出其中包含的客家文化内涵。写出介绍词，最后制作成一段不超过3分钟的介绍视频。

洛带古镇上的客家特色美食（龙泉驿区委宣传部供图）

介绍收集到的客家方言词汇、童谣等。方言是文化的活化石，方言作为地方文化的一种，是民族文化的重要组成部分。客家童谣取材于客家地区的日常生活，形式多样、语言活泼、易于上口、贴近生活、变化多端。将收集到的有意思的客家方言词汇或童谣，制作成一段不超过3分钟的介绍视频。

（2）学生编写"客家文化小作家"短文本。在下面活动中选择一项进行：

介绍洛带古镇中的客家特色建筑，如广东会馆、江西会馆、湖广会馆、川北会馆和西部客家博物馆、客家公园等，包括建筑中的楹联、文字记录等，寻找它们在建筑形式上独特的地方，思考为什么会保留这样的特色？将小组的发现同大家分享，完成一段300字左右的介绍词。

人与文化

客家特色建筑（龙泉驿区委宣传部供图）

相关介绍词：

撰写客家特色风俗介绍词。洛带古镇有客家龙舞和客家婚俗、客家水龙节及客家祭祖仪式等非物质文化遗产11项，选择其中一项，可以在网络上查找资料，也可通过询问古镇上的老人或各大会馆的工作人员来增进了解，完成一段300字左右的介绍词。

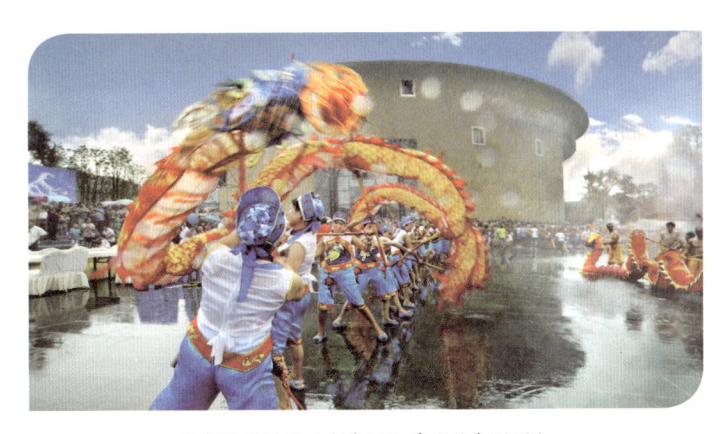

客家特色风俗（龙泉驿区委宣传部供图）

相关介绍词：

3. 我眼中的"客家人"

小组讨论：在对客家文化的感受体验中，客家人给你留下什么样的印象？请学生将要点记录下来。

成员姓名	我眼中的"客家人"（记录要点）

（三）活动评价

1. "洛带古镇大发现"评价标准

评价内容	评价标准	自我评价	小组评价	老师评价
我为小组准备了什么？	准备充分 ★★★★ 准备较充分 ★★★ 准备不充分 ★★ 无准备 ★			
我为小组发现了什么？	发现两项 ★★★ 发现一项 ★★ 无发现 ★			
我为小组收集了什么？	有照片，记录较详细 ★★★ 有照片，记录较简略 ★★ 无记录 ★			
我是合格的组员吗？	团队协作意识强、积极参与 ★★★★ 团队协作意识较强、较积极参与 ★★★ 团队协作意识与任务完成一般 ★★ 参与度不够，较随意 ★			

通过自我评价，我得到了_____颗星；通过小组评价，我得到了_____颗星；通过老师评价，我得到了_____颗星；我累计得到了_____颗星

活动反思	

2. "客家文化小主播"评价标准

评价标准（共10分）	得分
准确介绍美食名称及来历／方言童谣名称（1分）	
准确介绍美食特点、制作流程或工艺／方言童谣内容（4分）	
清楚解析客家文化内涵／方言童谣（2分）	

语言表述流畅，讲解清晰，生动形象（3分）	
合计得分	

3. "客家文化小作家"评价标准

评价标准（共5分）	得分
准确记录特色建筑名称／风俗名称（1分）	
准确记录建筑突出外观特点／风俗具体特点（2分）	
准确记录建筑包含的文化内涵／风俗来历、渊源（1分）	
文字生动、流畅（1分）	
合计得分	

五、活动成果

"客家文化小主播"短视频集；"客家文化小作家"短文本集。

六、活动拓展

自制客家特色文化明信片：洛带古镇中的客家文化，表现形式多样，内涵丰富，精心选择一项完成画面设计，如美食、建筑、童谣、风俗等；结合之前的小组讨论结果，在相应画面旁边配上一段文字说明，表现你对客家文化的认识，最终制作成一张特色明信片。要求选择合适的表现对象，画出突出特点并配上准确的文字解说。

红色建川祭英烈　爱党爱国爱生活

一、知识一览

建川博物馆全称为成都市建川博物馆聚落，位于中国博物馆小镇——大邑县安仁镇，由民营企业家樊建川创建，2018年9月，被确定为国家二级博物馆。2020年11月18日，当选"巴蜀文化旅游走廊新地标"。博物馆以"为了和平，收藏战争；为了未来，收藏教训；为了安宁，收藏灾难；为了传承，收藏民俗"为主题，建设抗战、民俗、红色年代、抗震救灾四大系列30余处展馆，已建成开放24处展馆，是目前国内民间资本投入最多、建设规模和展览面积最大、收藏内容最丰富的民间博物馆。

建川博物馆藏品总数已超过800万件，其中抗战文物200余万件；但据樊建川本人介绍，这200余万件的数量仅仅是已整理造册登记的藏品，实际藏品的数量保守估计应在千万件以上。博物馆聚落被评为国家文化产业示范基地、国家AAAA级旅游景区、全国光彩事业重点项目、全国爱国主义教育基地、中国十大民间博物馆、四川省科普教育基地、四川省国防教育基地，还获得了全国先进社会组织、四川民营文化企业综合十强、四川省"十一五"期间旅游工作先进单位和建设成都杰出事件等荣誉称号。

二、活动目标

通过在中国壮士群雕广场听历史老师讲解川军抗战故事，给烈士献花行礼等活动，让学生认识抗日战争，了解红色精神。

革命精神、长征精神、改革开放精神等已深深地烙在了我们的身上，它们经过时间的锤炼，经过历史的沉淀，经过无数仁人志士的演绎，不仅书写在历史的画卷中，也深深地影响着我们。参观建川博物馆，既是让学生深入学习历史，也是让学生在历史中汲取养分。

一个民族的历史就是一个民族的生命力，铭记历史，学习历史，能够促进学生形成正确的历史观。了解中华民族为争取民族独立和人民自由幸福而付出巨大牺牲的那段历史，对于我们新一代的成长有积极启示。革命先烈的英勇事迹，革命先烈的伟大精神，对于我们培养什么样的人、塑造什么样的人都做出了回答。学生对革命先辈故事的讲述，把榜样的作用发挥到了极致，这对学生顽强品质的培养、坚韧品格的雕琢具有正面引导作用。为学生成长为社会主义建设者和接班人注入源源不断的创造力与生命力，最终达到培根铸魂、立德树人的效果。

三、活动准备

（一）问题探究

主问题：建川博物馆蕴含了哪些精神内涵？

子问题1：樊建川为什么要建博物馆？

子问题2：建川博物馆是一所什么样的博物馆？

子问题3：怎样挖掘建川博物馆的历史价值和现实意义？

（二）前期准备

1. 学生准备

提前在家查阅川军抗战和建川博物馆相关资料；参照网上视频学习制作一朵纯白的花；提前准备红色故事分享会。

2. 教师准备

班主任提前一周布置任务，告知学生此次活动的目的，且强调届时出行过程中的纪律与安全问题，组织学生分组并确定组长职责，确保活动过程的文明与安全。

人与文化

四、活动过程

(一)活动流程

流程一	组织学生集合,强调安全要求及文明礼仪,乘车前往建川博物馆
流程二	参观中国壮士群雕广场,历史老师讲解川军抗战的红色故事,全体师生庄严宣誓。学生有序向壮士献花并敬礼瞻仰壮士。跟随导游参观各个展馆。在中流砥柱广场,各班以小组为单位推选个人或者集体代表讲述精彩的红色故事,追忆红色记忆,感悟红色精神,让红色基因代代相传
流程三	组织学生返校,做活动总结

(二)活动探究

1. 探究建馆缘由

樊建川建馆初衷是"为了和平,收藏战争;为了未来,收藏教训;为了安宁,收藏灾难;为了传承,收藏民俗"。请学生进一步了解建馆缘由,回答如下问题。

樊建川经历了什么?	
樊建川为什么要建建川博物馆?	
建川博物馆体现了哪些川人品质?	

177

2. 寻找历史"标签"

各大展馆有的反映普通老百姓生活的变化,有的展示民俗文化的变迁,有的表现人民艰苦卓绝的抗震救灾和重建家园的精神,还有的讲述中国共产党团结带领全国各族人民披荆斩棘、砥砺奋进的 100 年历史。请学生在参观过程中记录所了解的相应系列的人物或故事。

博物馆系列	你所了解的相应系列的人物或故事
时代演变	
民俗变迁	
抗震救灾	
综合陈列馆	

3. 传承红色精神

(1) 在中国壮士群雕广场,听历史老师讲解国人抗战,尤其是川军抗战的英勇故事,知晓抗战胜利是全体人民的共同成果,认识川军队伍在整个抗战队伍中的重要作用,怀念川军队伍中凸显出来的先进人物与典范人物。通过生动的讲述,让学生重视人类对历史的推动作用,认识到学习对"中华民族的伟大复兴"具有极大裨益,呼吁学生铭记历史、珍爱和平。最后全体师生向革命先烈致以崇高的敬礼并庄严宣誓,有序向革命先烈献花,礼瞻革命先辈。

人与文化

中国壮士群雕广场

(2) 学生参观红色纪念展馆,感悟红色历史。

展馆名称	展品介绍	展品故事	我感受到了什么?

(3) 传承红色基因,讲活红色故事:在中流砥柱广场,每个学生撰写一篇红色故事,小组内推选代表分享红色故事,评选出"最具魅力讲解员",共同追忆红色记忆,感悟红色精神,让红色基因代代相传。

中流砥柱广场

179

（三）活动评价

评价内容	评价标准	自我评价	小组评价	老师评价
红色故事内容	语言凝练、主题突出 ★★★★ 语言较凝练、主题较突出 ★★★ 语言不精练、主题不突出 ★★ 语言无诗意、无主题 ★★			
红色故事讲述表现	精神饱满，情感有度 ★★★ 精神饱满，欠缺情感 ★★ 精神欠佳，没有参与感 ★			
活动态度	积极主动 ★★★ 较积极主动 ★★ 态度差 ★			
团队协作	团队协作意识强，任务完成好 ★★★★ 团队协作意识较强，任务完成较好 ★★★ 团队协作意识与任务完成一般 ★★ 团队协作意识与任务完成差 ★			
活动过程	规范遵守秩序，清洁卫生保持好 ★★★ 秩序、清洁一般 ★★ 秩序或清洁较差 ★			
通过自我评价，我得到了_____颗星；通过小组评价，我得到了_____颗星；通过老师评价，我得到了_____颗星；我累计得到了_____颗星				
活动反思				

五、活动成果

博物馆参观记录，红色故事文集。

六、活动拓展

革命先烈们冒着枪林弹雨、浴血奋战为我们如今的幸福生活打下了坚实基础，我们要倍感珍惜，也要反思作为新时代的好青年，我们可以为祖辈精神的传承做些什么呢？

宽蓉市井寻古迹　窄巷深处知人烟

一、知识一览

宽窄巷子位于四川省成都市青羊区长顺街附近，由宽巷子、窄巷子、井巷子平行排列组成，遍布青黛砖瓦的仿古四合院，是成都遗留下来的较成规模的清朝古街道。它是老成都"千年少城"城市格局和百年原真建筑格局的最后遗存，也成了北方胡同文化在成都以及在中国南方的典型代表。宽窄巷子拥有300多年的历史，与大慈寺、文殊院一起并称为成都三大历史文化名城保护街区，再现了老成都的生活韵味：原住民、龙堂客栈、精美的门头、梧桐树、街檐下的老茶馆……经济文化、社会政治的发展变迁构成了传统中国与当代中国的不同图景。宽窄巷子作为一个城市最后的标志性文化景观，是这座城市最鲜活的重要物证，也是成都休闲都市、市井生活的最佳体现，更是现代成都人对于一个城市的记忆。

宽窄巷子

二、活动目标

通过了解宽窄巷子名称的由来、宽窄巷子中传统建筑的历史发展及演变过程，使学生对中国传统建筑有一定了解，扩展学生的历史常识，激发学生对本土文化的兴趣和热爱。

通过参观宽窄巷子，使学生了解成都街道传统建筑和技艺；通过分析宽窄巷子的传统文化与现代生活的结合方式，培养学生的探究能力，拓展学生的思维方式。

通过寻找宽窄巷子中的传统技艺，与传统技艺传承人对话，使学生深入了解成都街道传统技艺的传承，感受传统技艺在现代社会的发展境遇，进而探索创新文化建设新途径。这既能启发学生对文化创新的思考，又能激发学生对天府文化的认同感和归属感。

三、活动准备

（一）问题探究

主问题：找寻宽窄巷子中的民俗记忆。

子问题1：宽窄巷子"宽"与"窄"的秘密是什么？

子问题2：在宽窄巷子中你发现了哪些传统技艺？

子问题3：走访宽窄巷子，探寻传统技艺的遗失与传承。

（二）前期准备

1. 学生准备

根据本次活动的目的和安排，查阅资料了解宽窄巷子的相关历史知识，了解传统技艺的种类。

2. 教师准备

利用历史课讲解宽窄巷子的历史演变，对中国传统建筑的种类作简要介绍。

3. 其他准备

带好笔、笔记本、相机、手机。

四、活动过程

（一）活动流程

流程一	组织学生集合，强调安全要求及文明礼仪，乘车前往宽窄巷子
流程二	学生实地考察宽巷子、窄巷子和井巷子
流程三	学生寻找宽窄巷子中的传统技艺，并进行访谈
流程四	组织学生返校，做活动总结

（二）活动探究

1. 参观宽巷子、窄巷子和井巷子

学生实地考察宽巷子、窄巷子和井巷子，记录街道的宽度、名称的缘由和建筑风格，并与大慈寺、文殊院这两个成都历史文化名城保护街区做对比研究，分析其异同。

宽窄巷子的街道

考察内容	宽巷子	窄巷子	井巷子
街道的宽度			
名称的缘由			
巷子里的建筑风格			

人与文化

街区名称	相同点	不同点
宽窄巷子		
大慈寺		
文殊院		

2. 寻访宽窄巷子中的传统技艺

学生分小组寻找传统技艺并采访传统技艺传承人，了解并记录传统技艺的历史发展，以手抄报的形式进行展示。

糖画艺术

传统技艺	访谈技艺传承人	访谈感受
吹糖人	您从哪里学到的这项技艺？ 吹糖人的关键是什么？ 将来您会把这项技艺传承下去吗？如果会，对象主要是哪些人呢？ ……	
面塑		
……		

185

（三）活动评价

评价内容	评价标准	自我评价	小组评价	老师评价
活动态度	积极极热情主动 ★★★★			
	积极热情但欠主动 ★★★			
	态度一般 ★★			
	态度差 ★			
团队协作	团队协作意识强，任务完成好 ★★★★			
	团队协作意识较强，任务完成较好 ★★★			
	团队协作意识与任务完成一般 ★★			
	团队协作意识与任务完成较差 ★			
活动过程	活动分工明确且高效有序，清洁卫生保持好 ★★★★			
	活动有分工且较有序，清洁情况不错 ★★★			
	秩序、清洁一般 ★★			
	秩序、清洁较差 ★			
文明礼仪	校服整洁、用语文明、彬彬有礼 ★★★★			
	校服干净、用语文明 ★★★			
	着装整洁度与用语文明情况一般 ★★			
	着装整洁度与用语文明情况较差 ★			
活动成果	活动成果突出，富有创新力 ★★★★			
	有一定成果，且质量较好 ★★★			
	活动成果一般 ★★			
	成果质量不好 ★			
通过自我评价，我得到了_____颗星；通过小组评价，我得到了_____颗星；通过老师评价，我得到了_____颗星；我累计得到了_____颗星				
活动反思				

五、活动成果

成都历史文化名城保护街区对比研究报告，展示宽窄巷子传统技艺的手抄报。

六、活动拓展

活动结束后，学生回校以小组的形式分析宽窄巷子是如何做到传统文化与现代生活有机结合的？从中总结出传统文化的"复兴"途径。

花重锦官映巴蜀　浓墨重彩绘文物

一、知识一览

成都博物馆位于市中心天府广场西侧，占地面积约 1.13 万平方米，总建筑面积约 6.5 万平方米。主体建筑分为南楼和北楼：南楼地上主要为办公和科研区，地下为学术报告厅（多功能厅）；北楼主要为展示区，首层为大厅、放映厅、特展厅，地下一层为人与自然专题展，地上二层至三层为"花重锦官城——成都历史文化陈列"古代篇，四层为近世篇和民俗篇，五层为中国皮影木偶展，总展陈面积近 2 万平方米。成都博物馆藏品总数近 20 万件，形成了上至新石器时代，下迄民国时期较为完整的藏品序列，类型涵盖青铜器、金银器、画像砖、石刻、陶瓷器、书画、家具、皮影、木偶、道场画、面具、木雕等，在数量和质量上都已形成规模和体系。成都博物馆是改革开放以来成都市投资规模最大的文化基础设施，为城市提供了多元化的公共文化服务，促进了社会经济的协调发展。

二、活动目标

通过参观成都博物馆，溯源天府文化的发展与演变。通过成都历代文物与典型文物的观赏，让学生找到文化之间的共通之处；通过文化背后的故事看文化对人、对社会的影响，让学生树立积极的人生观与价值观，增强学生的文化自信、民族自信。

通过参观、讲解、绘画等一系列活动，让学生在历史的长河中体会不同时期文物的发展变化，感受成都的历史变迁过程。结合实践体验活动，培养学生热爱家乡的人文情怀。

三、活动准备

(一) 问题探究

主问题：成都博物馆的镇馆之宝石犀牛在古今分别产生了什么影响？

子问题1：石犀牛的特点是什么？

子问题2：通过石犀牛，探究"李冰治水"带给成都的影响。

子问题3：石犀牛的走红受到了哪些因素的影响？（舆论、社会环境等）

(二) 前期准备

1. 学生准备

（1）根据本次活动的目的和安排，查阅资料了解成都博物馆的相关知识，完成相关调查报告。

（2）准备石犀牛相关解说词："李冰治水""发现与挖掘""犀牛与水""都江古堰"等。

（3）准备解说稿、画笔、色彩、画板等。

2. 教师准备

（1）美术老师利用美术课讲解成都的发展历史和社会变迁，了解成都本土具有影响力的文物，展示部分城市和文物图片。

（2）做好学生外出纪律安全教育工作，强调学生在参观中注意自己的言行举止，做文明参观者。

四、活动过程

(一) 活动流程

流程一	组织学生集合，强调安全要求及文明礼仪，乘车前往成都博物馆
流程二	统一参观成都博物馆二层至三层"花重锦官城"，感受成都的历史发展过程，体会不同时期文物的制作工艺和艺术特点，开展综合体验活动

流程三	围绕成都博物馆的镇馆之宝"石犀牛"开展"我是文物守护人"课题研究活动,了解"石犀牛"的前世今生
流程四	开展"我为文物画肖像"活动,利用线描的方式绘制石犀牛
流程五	组织学生返校,做活动总结

(二) 活动探究

1. 我是文物守护人

通过"我是文物守护人"活动,让学生了解"石犀牛"的前世今生。("李冰治水""发现与挖掘""犀牛与水""都江古堰"等)。要求:语气庄重,富有情感,表现出文物的厚重、历史的悠远。

2. 我为文物画肖像

学生完成石犀牛的线描写生。老师进行现场指导,内容包括文物的形态、特征、比例,线条的流畅与点线面的变化。

石犀牛

（三）活动评价

评价内容	评价标准	小组自评	小组互评	老师评价
活动态度	热情主动 ★★★ 态度一般 ★★ 态度消极 ★			
团队协作	团队协作意识强 ★★★ 团队协作意识一般 ★★ 团队协作意识较差 ★			
文明礼仪	校服干净、用语文明 ★★★ 着装整洁度与用语文明情况一般 ★★ 着装整洁度与用语文明情况较差 ★			

通过小组自评，我们得到了＿＿＿＿颗星；通过小组互评，我们得到了＿＿＿＿颗星；通过老师评价，我们得到了＿＿＿＿颗星；我们累计得到了＿＿＿＿颗星

活动反思	

成果评价标准（勾选）			
成果展示	造型准确、生动	A	B	C
	色彩富有美感	A	B	C
	运用适当的工具材料，独立创作，表现自己的情感	A	B	C
	技能运用熟练	A	B	C

五、研学报告

学生撰写如下研学报告。

成都博物馆研学报告				
研学博物馆	成都博物馆	文物守护人		备注
推荐文物		时期		
推荐理由				
国宝的前世今生	（附照片）			
文物的美学特征				
成都博物馆研学感受				

六、活动成果

石犀牛美术作品展示，成都博物馆研学报告。

七、活动拓展

利用课余时间以"走进金沙 走近太阳神鸟"为主题，领悟古蜀国的魅力，品味历史的韵味。

书香浸润求知路　技术助力新探索

一、知识一览

四川省图书馆位于成都市青羊区，是我国成立较早的公共图书馆之一，是省一级图书馆、全国文化信息资源共享工程四川省分中心。其前身是1912年建立的四川省立图书馆，1927年更名为成都市立图书馆，1942年更名为川西人民图书馆，1952年更名为四川省图书馆，新馆于2015年12月开馆运行。四川省图书馆藏有书籍500余万册，其中古籍65万册、民国文献22万册，数字资源达150TB；馆内建筑面积5.2万平方米，设有21个部门。图书馆共有数据库48个，其中自建数据库6个。自建多媒体数据库有绵竹年画资源库、藏族唐卡资源库、美味四川资源库、金钱板资源库、四川清音资源库、长征四川记忆资源库。

2020年10月30日，四川省图书馆被文化和旅游部确定为"第六批全国古籍重点保护单位"。2020年11月18日，当选"成渝潮流新地标"。2020年12月28日，被授予"第五届四川省文明单位"称号。

四川省图书馆

二、活动目标

让学生利用信息技术设备来检索关键图书。带领学生走进图书馆，了解明确各个功能区的作用。让他们第一时间学会运用新媒体新设备，辅助自己理解复杂和抽象的事物，拓宽学生获取信息的方式。同时，学生通过体验现代新技术检索方式，感知信息技术给生活和学习带来的便利。

让学生利用信息技术甄别书籍，选择适合自己的好书。在图书馆内现代多媒体技术的助力下，让学生感受这里浓郁的文化气息，爱上阅读，培养良好的阅读习惯。学生通过甄别书籍，选择好书，从书中吸取养分，找到实现理想与抱负的途径，获得成长的精神动力，让书香浸润求知路。

让学生思考电子书与纸质书籍的运用与发展前景。对比纸质书籍和电子书籍两种阅读方式，让学生辩证地思考它们的异同和优劣，以此来培养学生的思辩力和创新思维能力。

三、活动准备

（一）问题探究

主问题：运用现代信息技术的图书馆对我们现在和未来学习生活有什么影响？

子问题1：如何利用信息技术设备来检索图书？

子问题2：如何利用信息技术甄别书籍，选择适合学生自己的好书？

子问题3：思考电子书与纸质书籍的运用与发展前景。

（二）前期准备

1. 学生准备

通过上网浏览了解四川省图书馆的地理位置、交通方式和功能分区。

2. 教师准备

提前了解图书馆开闭馆时间，实地考察和电话联系四川省图书馆的负责人。

四、活动过程

（一）活动流程

流程一	组织学生集合，强调安全要求及文明礼仪，乘车或步行到达四川省图书馆
流程二	跟随工作人员参观四川省图书馆的各分区，聆听工作人员介绍各功能区及具体借阅书籍的操作办法，了解各分区的功能并完成"君子爱书，取之有道"活动记录
流程三	根据规定书目，检索查询所需图书所在的位置；借助新媒体技术推荐一本好书，完成"书海三千，只取一瓢"好书推荐，检索查询所需图书所在的位置，以完成借阅
流程四	学生完成纸质书和电子书的优缺点问卷上的对比调查，谈谈自己的偏好和原因，在体验区哪些设备可以带来借阅便利，以及对未来图书馆有什么展望
流程五	组织学生返校，做活动总结，学生回家后完成好书推荐海报

（二）活动探究

1. 君子爱书，取之有道

学生了解四川省图书馆的各分区及具体借阅书籍的操作办法，完成活动记录。根据规定书目，选择自己喜欢的书并检索查询所需图书所在的位置，找到图书并阅读一小时；阅读完后，归还书籍。

人与文化

图书馆借阅的步骤是什么？	（1）_____ （2）_____ （3）_____ （4）_____ （5）_____ （6）_____		
图书检索及存储楼层（请正确连线楼层与功能区）	一楼		外文台港澳阅览区 公共数字文化服务区 星光阅览厅
	二楼		保存本阅览室（一）（二） 星光阅览厅
	三楼		中文图书阅览区（一）（二） 星光阅览厅
	四楼		报刊阅览区 地方文献阅览区（巴蜀书库） 星光阅览厅
	五楼		总服务台（读书广场） 外借区（一）（二） 自修区
	六楼		24小时自助服务区 幼儿阅览区 青少年阅览区 视障阅览区

2. 书海三千，只取一瓢

学生根据自己的爱好，运用新媒体技术，推荐一本好书，并记录推荐理由；查找检索此书并完成借阅；回家后完成好书推荐海报。这个活动的意义是让学生找到与自己心灵深处接轨的好书，爱上阅读，浸泡在书海中。

书名	
作者简介	
出版社	
内容简介	
推荐理由	
内容、感受、启迪	

3. 书山峰林，各有千秋

学生完成纸质书和电子书的优缺点问卷上的对比调查，谈谈自己的偏好和原因。在体验区，哪些设备给你带来哪些借阅便利？你对未来图书馆有什么展望？

人与文化

	项目	纸质书	电子书
请针对纸质书和电子书的优缺点，谈谈自己的偏好和原因	优点		
	缺点		
	偏好		
	原因		
在体验区，哪些设备给你带来哪些借阅便利？			
你对未来图书馆有什么展望？			

（三）活动评价

评价内容	评价标准	自我评价	小组评价	老师评价
活动态度	积极极热情主动 ★★★★ 积极热情但欠主动 ★★★ 态度一般 ★★ 态度差 ★			
团队协作	团队协作意识强，任务完成好 ★★★★ 团队协作意识较强，任务完成较好 ★★★ 团队协作意识与任务完成一般 ★★ 团队协作意识与任务完成较差 ★			

199

活动过程	活动分工明确、高效有序，清洁卫生保持好 ★★★★ 活动有分工且较有序，清洁情况不错 ★★★ 秩序、清洁情况一般 ★★ 秩序、清洁情况较差 ★		
文明礼仪	校服整洁、用语文明、彬彬有礼 ★★★★ 校服干净、用语文明 ★★★ 着装整洁度与用语文明情况一般 ★★ 着装整洁度与用语文明情况较差 ★		
活动成果	活动成果突出，富有创新性 ★★★★ 有一定成果，且质量较好 ★★★ 活动成果一般 ★★ 成果质量不好 ★		
通过自我评价，我得到了_____颗星；通过小组评价，我得到了_____颗星；通过老师评价，我得到了_____颗星；我累计得到了_____颗星			
活动反思			

五、活动成果

好书推荐海报。

六、活动拓展

通过网络查询或问卷调查的方式探索畅销书籍的运营模式。

《礼经》："器之盖曰会。为其上下相合也。"社会是由人与环境形成的关系总和。每一个人都不是一座孤岛，人的成长离不开社会，社会的发展也离不开人的参与。

这一章，我们规划城市、修建地铁，将诗和远方带到身旁；我们走进企业、服务社区，让爱和梦想撒向人间；我们漫步街道，表达对城市的眷恋，发掘与探索社会变迁；我们迈进科技馆，痴迷于科技魅力，在"问""寻""生"中体悟科学的神奇。从自然到人文，从道德到法治，从社会到个人，我们都在积极地描绘明日蓝图，热切地寻找人生价值。我们的一举一动都会受社会影响，也同样能将真善美反馈给社会。一滴水只有放进大海里才永远不会干涸，一个人只有把自己和社会事业融合在一起才能最有力量。我们都无法知晓我们影响了谁，以及影响的程度有多深，但是我们可以用行动去践行自己的责任与担当！

通过本章的学习，希望我们形成共同认可的价值取向，懂得如何与社会紧密联系、相互依存，滋养社会，创造我们共同追求的美好明天。

第四章 人与社会

叶秉鑫 绘

师生同心学党史　红色精神促发展

一、知识一览

红色众行国防教育基地位于四川省都江堰市天马镇胥家社区，占地面积约17.3万平方米亩，是西南地区最大的民营研学旅行综合教育基地。其设有爱国主义教育、生命安全教育、传统文化教育展馆和交通、地震体验馆等场馆。其中，项目综合体验区研发开设了多元体验课程，涵盖爱国教育、安全教育、传统文化教育馆内容，是学校进行红色党史教育和国防教育，实施素质教育，促进学生德智体美劳全面发展的重要地方教育资源。

二、活动目标

通过参观场馆、听讲解、参与实践等活动，让学生了解中国共产党的成立、发展和壮大过程，学习中共一大到十九大的主要内容和核心思想。从历史发展的视野中理解历史的变化与延续、继承与发展。

学习国防科普知识，理解科技兴国、军事强国的重要性。增强学生的国防意识，树立居安思危、常备不懈的国防观念。培养学生艰苦奋斗、爱国奉献、勇敢顽强、坚韧不拔的精神。

三、活动准备

（一）问题探究

主问题：你了解党史与红色精神吗？

子问题1：深入参观各个展馆，了解红色精神是怎样传承与发扬的？

子问题2：以红军长征为例，你能尽可能地还原那段历史吗？

（二）前期准备

1. 学生准备

（1）列举当今中国在军事、教育、医疗、科技、经济等方面取得的辉煌成就（选择其中一到两个方面）。

领域	当今中国在各个领域取得的辉煌成就	取得成绩背后遇到的困难
军事		
教育		
科技		
经济		
医疗		
……		

（2）材料准备：参观前提前带好笔和笔记本以及相关资料。

2. 教师准备

（1）提前了解基地情况、路况，做好安全预案。

（2）做好学生探究表格，问卷调查等所需资料。

3. 其他准备

班级提前分组、分队，并选好组长和队长，带好相机、水、干粮及雨具。

组名		组长	
纪律委员		清洁委员	
其他组员			

人与社会

四、活动过程

（一）活动流程

流程一	组织学生集合，强调安全要求及文明礼仪，乘车前往红色众行国防教育基地
流程二	参观爱国主义教育展览馆，学习国防科普知识
流程三	自制红军长征餐
流程四	红军长征体验课程
流程五	组织学生返校，做活动总结

（二）活动探究

1. 了解红色精神的传承与发扬

学生依次参观七个主题分别为从无到有、艰苦奋斗、发展历程、抗战故事、国之重器、反腐教育、辉煌成就的爱国主义教育展览馆，并在会议室学习国防科普知识、枪支拆卸知识等。

通过主题活动了解红色精神的传承与发扬（如其具体可以归纳为哪些）并写出自己的心得体会。

爱国主义教育展览馆

205

【范例】

　　红色精神最早表现为以"爱国、进步、民主、科学"为主要内容的"五四精神",其核心是爱国主义。在中国共产党100年的历史中,形成了很多可歌可泣的"红色精神",如"军民团结、艰苦奋斗"的井冈山精神,"不怕艰难险恶"的长征精神,"改变作风、提高素质"的延安精神等。

请学生结合归纳出的红色精神,思考怎样将其应用到学习和生活中。

红色众行国防教育基地参观记录			
主题展馆	红色精神	心得体会	红色精神可以怎样应用到学习和生活中
从无到有			
艰苦奋斗			
发展历程			
抗战故事			
国之重器			
反腐教育			
辉煌成就			

2. 还原红军长征中的艰险历程

（1）学生绘制红军长征路线图。

（2）学生列出红军长征经历的主要战役及涌现出来的历史人物。

日期	战役名称	主要人物

（3）自制红军餐：中午学生以组为单位根据基地提供食材制作红军餐。

探究活动	内容	心得体会	备注
我设想的红军餐			出发前完成
我自制的红军餐			午餐后完成

3. 红军长征体验课程

学生自行从编草鞋等 7 个体验课程中选择 3 到 4 个进行体验，记录主要过程和心得体会。

课程名称	主要过程	心得体会
编草鞋		
红军行囊"三横两竖"		
制作"煤油灯"		

重走长征路		
拥军前支（鸡公车送物资、挑军粮）		
安营扎寨		
战地救护		

(三) 活动评价

评价内容	评价标准（共100分）	自我评价	小组评价	老师评价
活动准备	前期资料查阅和填写表格完整，体悟全面（15分）			
活动态度	积极参加讲解老师安排的实践活动，善于思考（15分）			
活动过程	遵守并维护活动秩序，服从带队老师管理，清洁卫生保持好（15分）			
文明礼仪	校服整洁，用语礼貌，文明参观（15分）			
活动感悟	内容富有真情实感，善于思考，感触深刻，收获丰富；文字流畅，语序得当（20分）			
活动海报	色彩丰富，构图合理，内容充实，具有较强的启示意义和宣传作用（20分）			
合计得分				

五、活动成果

完成了本次国防教育基地教育活动的活动小报并对优秀作品进行了展示。

六、活动拓展

建议学生根据自己的实际情况选择更多、更好、更全的其他红色文化基地或景区进行深入探究；鼓励学生将自己的爱国情怀转化为行动，努力学习，利用空余时间为家庭、为学校、为社区多做志愿服务，为国家和社会做出更大、更好的贡献。

乘坐地铁看家乡　感悟天府新文化

一、知识一览

"蜀道之难，难于上青天！"唐代诗仙李白曾发出这样的感叹，现在出川道路四通八达，那么作为四川省省会的成都，地下交通网是什么样的呢？成都地铁，载着千千万万追梦人每天行驶在成都的东西南北，大大缓解了成都地面交通的压力。

成都地铁是服务于成都市的城市轨道交通。其首条线路成都地铁1号线于2010年9月27日正式开通，至2021年6月，成都地铁共开通12条线路，线路总长518.96千米。成都成为国内首个一次性开通五条地铁新线的城市，也是全国地铁运营里程最快突破500千米的城市，正式跻身国内轨道交通"第四城"。

成都地铁标志是从急驰的列车、飞扬的蜀锦、连绵的蜀山、柔美的水花、弯曲的隧道等六个画面中提炼出来的，寓意为"巴山蜀水织锦绣，地铁生活扑面来"。地下交通容量大、速度快、准点率高等特点弥补了单一地面交通的不足，成都地铁让更多的市民不再为拥挤的公交车而烦恼。成都地铁开通后，公共交通分担率进一步提升。地铁的建设完善了成都市的公共交通系统，建立起了一个整合、高效、经济的道路轨道交通网络，并使之持续满足城市的需要。地铁时代来临意味着成都将真正步入公共立体交通时代。成都地铁的建设将会提高公共交通的竞争力，有效缓解成都城市道路日益突出的拥挤问题。

二、活动目标

通过体验成都地铁3号线，拍摄地铁内的文创设计作品，探索文创设计作

人与社会

品表达的现实意义,让学生感受天府文化熊猫专列的魅力。在行走中发现美,培养学生在生活中的观察能力,增强学生的文化理解能力,让他们学会分析和辨别生活中的视觉文化现象,陶冶艺术情操和审美情趣。

关注乘坐地铁时需要注意的文明礼仪,明确禁止标志、指示标志等图标的具体意图,熟知乘坐地铁的相关要求,提升学生的文像识图能力。从文明购票、文明过安检、文明候车、文明乘车等方面让学生养成文明乘坐地铁的良好习惯,培养学生的规则意识。让他们切身感受地铁带来的便利,懂得绿色出行,爱护环境。

通过设计创作有思想和文化内涵的美术作品,让学生掌握一定的美术表现方式。结合实地走访,通过联想、想象和变通的方式,让学生进行动手创作和实践,增强学生的审美判断力和创意设计实践能力。

三、活动准备

(一)问题探究

主问题:地域文化与城市现代文化融合的地铁文化有哪些方面内容?

熊猫专列　　　　　　　　成都轨道交通线网图

子问题1：城市名片：拍摄3号线熊猫主题专列（"盼达号"列车）文创设计、路线图设计、安全提示设计，迁移到其他城市地铁专列的涉及"看地方"元素的活动。

地铁站内的屏蔽门

子问题2：文明建设：文明出行道德行为规范、社会主义核心价值观宣传，以及旅游、购物、美食火锅广告等。

地铁宣传与广告

子问题3：文化建设：地铁车站建筑装饰设计与城市人文历史的深度融合。

春熙路地铁入口设计

（二）前期准备

1. 学生准备

上网查阅并了解成都地铁的相关知识。

2. 教师准备

在参观前一周告知学生本次活动的安排，做好学生外出纪律安全教育工作，强调学生在参观体验中要注意自己的言行举止，做文明参观者。美术老师提前一周利用美术课讲解成都的地铁交通发展历史和社会变迁，并展示部分成都城市交通旧图片，提示参观的目标和意义。

3. 其他准备

带好相机、手机、笔、记录本，办理天府通卡或下载天府通APP。

四、活动过程

（一）活动流程

流程一	组织学生集合，步行到春熙路，乘坐地铁3号线前往成都动物园站
流程二	四人为一个小组，统一体验乘坐成都地铁3号线熊猫主题专列，感受成都地下交通艺术创意设计
流程三	组织学生返校，做活动总结

（二）活动探究

1. 探秘3号线熊猫主题专列文创设计

学生乘坐地铁3号线熊猫主题专列，找出列车上的熊猫元素并拍摄照片，将自己对熊猫文化的理解与同伴交流并完成探究任务。学生尝试回答：设计师以熊猫为主题进行设计想要表达什么？尝试随机采访几位乘客，判断设计师的设计目的是否达到。

3号线熊猫专列特色	
你最喜欢的3号线地铁站特色	
就熊猫专列文创设计与乘客的交流情况	

2. 发现地铁上的视觉传媒文化

学生通过观察并记录地铁上的视觉传媒文化种类，了解它们对传播天府新文化的价值和作用。

分类	内容	价值和作用
安全文明出行类		
社会主义核心价值观类		
文旅类		
商品购物类		
成都美食类		

3. 我是成都地铁创意小设计师

通过探索地铁站内外建筑装饰造型和设施设备标示牌文创设计，结合对天府新文化的认识和理解，尝试为成都地铁进行创意设计，可选择地铁列车、地铁站或视觉传媒文化三类主题中的一种。

创意设计作品名称	
创意设计主题类别	
创意设计思路	
创意设计效果图	

（三）活动评价

评价内容	评价标准	自我评价	小组评价	老师评价
活动准备	准备充分 ★★★★ 准备较充分 ★★★ 准备不充分 ★★ 无准备 ★			
活动态度	认真拍摄创作，积极思考 ★★★★ 拍摄创作较完整，缺少思考 ★★★ 拍摄创作不太完整，未作思考 ★★ 无兴趣参与 ★			

团队协作	团队协作意识强，任务完成好 ★★★★			
	团队协作意识较强，任务完成较好 ★★★			
	团队协作意识与任务完成一般 ★★			
	团队协作意识与任务完成较差 ★			
摄影作品表现	作品主题突出 ★★★★			
	作品主题较突出 ★★★			
	作品主题不突出 ★★			
	作品无主题 ★			
创意设计作品表现	设计创意突出 ★★★★			
	设计创意较突出 ★★★			
	设计创意不突出 ★★			
	设计无创意 ★			
通过自我评价，我得到了_____颗星；通过小组评价，我得到了_____颗星；通过老师评价，我得到了_____颗星；我累计得到了_____颗星				
活动反思				

五、活动成果

熊猫元素照片汇总，创意设计作品集。

六、活动拓展

成渝双城计：利用寒暑假旅游收集重庆地铁的建筑设计特征和文化创意，比较双城地铁风格差异。

感人文历史底蕴　观未来规划发展

一、知识一览

成都规划馆位于成都市高新区锦晖西一街88号，规划馆共三层，布展面积约6800平方米，是成都展示"建设全面体现新发展理念的城市"的重要窗口。一层结合展馆建筑特色，打造大气、庄重的展厅，展示习近平总书记提出的"建设全面体现新发展理念的城市"重要指示及成都的"国家中心城市、美丽宜居公园城市、国际门户枢纽城市、世界文化名城"四大战略定位。二层从城址迁徙、溯源古蜀、名都会、名城保护四个层面展示成都千年城市文明及今人传承巴蜀文明、发展天府文化的历史文化智慧。以时间为轴，串联各时期成都旧貌新颜，留住成都记忆，见证规划让城市更美好。三层通过全域实体模型展示和影片播放，系统介绍成都市城市总体规划。可实现全域实体模型、舞台灯光与LED大屏三位一体，联动展示成都未来规划信息，展示成都城市发展的宏伟蓝图。

此次活动将以"感人文历史底蕴，观未来规划发展"为主题，以体验式学习的形式，让学生在成都规划馆中探寻成都古今人文底蕴文化建筑，分析现代信息技术在我们的城市中有哪些运用，如何与未来城市设计相结合。浸染在这样的规划馆中，学生们对自己的家乡有了更深入的认识了解，更为自己身为一个成都人而感到骄傲和幸福，热爱之情与日俱增，同时建设家乡的责任感、使命感愈加强烈。

二、活动目标

通过3D电影、沙盘模型、液晶展墙等方式，让学生在切身体验中从宏观到微观，从历史到未来，从平面到立体，多方面了解成都过去的深厚底蕴、现在的伟大成就以及未来的宏伟蓝图，增强学生的人文素养。

在成都规划馆的项目体验中探寻现代信息技术在城市展示中的运用，思考"信息技术如何与未来城市设计相结合"等问题，让学生将所学知识与生活实际相融合，培养学生从信息技术角度看待问题、思考问题、解决问题的能力，增强学生的创造力。

在规划馆中见闻感悟的基础上，让学生反思生活周边存在的规划不合理之处，并思考如何改进等。培养学生的批判性思维，增强学生信息社会责任意识和共建良好生活环境的责任感。提升学生观察能力、独立思考能力，从而提升学生个人整体素养。

三、活动准备

（一）问题探究

主问题：城市规划与信息技术的融合。

子问题1：不同时代对成都代表性文化景观（建筑）的决定与影响。

子问题2：信息技术在城市生活中有哪些应用？这些应用如何影响城市布局与人民生活？

子问题3：参观规划馆后，你觉得未来城市要如何规划？（可通过"互动游戏"、绘画、模型搭建来体现）

（二）前期准备

1. 学生准备

借助网络媒体或书籍等了解成都主要历史文化景观及其文化底蕴，做好知识储备。了解活动目的和活动安排，准备活动记录工具。每班按每组5～6人分组，确定小组成员及分工。

2. 教师准备

收集成都主要历史文化景观、特色人文底蕴相关资料。告知学生活动安排、活动流程，强调纪律安全、言行举止，做文明参观者。

四、活动过程

（一）活动流程

流程一	组织学生集合，讲解活动目的，分发活动资料，强调安全要求及文明礼仪，乘车前往成都规划馆
流程二	分组参观成都规划馆，完成活动探究，填写活动记录
流程三	组织学生返校，做活动总结，进行活动成果分享、展示

（二）活动探究

1. 时代背景在建筑风格上的映射

参观成都规划馆的过程中，学生记录2～3个成都规划馆中具有代表性的文化景点，分析它们的建筑风格及所选代表建筑中包含的历史故事。

代表性文化景点	建筑风格	历史故事

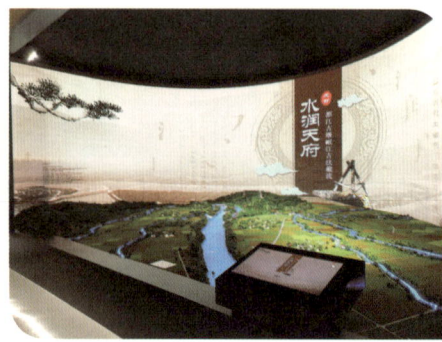

规划馆中的文化景点展示

2. 科技改变生活 科技造福民生

学生回答以下问题：

你发现信息技术在规划馆中有哪些应用？	在城市生活中信息技术有哪些应用？	这些应用如何影响城市布局和人民生活？

3. 小小城市设计师

参观成都未来规划蓝图后，大家心中的未来城市要如何规划？有无创新规划设想（可通过"互动游戏"、绘画、模型搭建来体现）？请学生将自己的设计以文字或图片形式展示在下面。

(三) 活动评价

评价内容	评价标准	自我评价	小组评价	老师评价
活动态度	积极热情主动 ★★★★ 积极热情但欠主动 ★★★ 态度一般 ★★ 态度差 ★			
团队协作	团队协作意识强，任务完成好 ★★★★ 团队协作意识较强，任务完成较好 ★★★ 团队协作意识与任务完成一般 ★★ 团队协作意识与任务完成较差 ★			
活动过程	活动分工明确、高效有序，清洁卫生保持好 ★★★★ 活动有分工且较有序，清洁情况良好 ★★★ 秩序、清洁情况一般 ★★ 秩序、清洁情况较差 ★			
文明礼仪	校服整洁、用语文明、彬彬有礼 ★★★★ 校服干净、用语文明 ★★★ 着装整洁度与用语文明情况一般 ★★ 着装整洁度与用语文明情况较差 ★			
活动成果	活动成果突出，富有创新性 ★★★★ 有一定成果，且质量较好 ★★★ 活动成果一般 ★★ 成果质量不好 ★			

通过自我评价，我得到了_____颗星；通过小组评价，我得到了_____颗星；通过老师评价，我得到了_____颗星；我累计得到了_____颗星

活动反思	

五、活动成果

完成了成都规划馆中具有代表性的文化景点的记录，了解了城市中信息技术的应用情况以及这些技术有何作用，开展了有关城市规划蓝图的"互动游戏"、绘画、模型搭建活动。

六、活动拓展

学生思考：现在我们的城市街道、社区等设计存在哪些问题？为什么会存在这些问题？我们又该如何解决这些问题？

时代少年进社区　志愿服务助成长

一、知识一览

　　社区即聚居在一定地域范围内的人们所组成的社会生活共同体。在我国农村，基层社区管理组织是村民委员会；在城市，基层社区管理组织是居民委员会。社区设有各种层次的管理和服务机构，这些机构管理社区的各种事务，为社区成员提供相关服务。社区的主要功能有管理功能、服务功能、保障功能、教育功能和安全稳定功能，即管理生活在社区的人群的社会生活事务，为社区居民和单位提供社会化服务，救助和保护社区内弱势群体，提高社区成员的文明素质和文化修养，化解各种社会矛盾，保证居民生命财产安全等。

　　社区是社会的基层单位，是离学生生活最近的社会组织。学生既是学校的学生、家庭的孩子，也是社区的成员和社会的公民。学生走进社区、服务社区，可以为其打开参与社会的第一扇门。

　　与学道分校相邻的社区，大多位于成都锦江繁华中心城区。大慈寺社区位于东顺城南街59号，面积约0.26平方千米。辖区内有著名的被誉为"震旦第一丛林"的佛教文化圣地"大慈寺"，距今已有1600多年，玄奘就是正式在此寺出家为僧的。合江亭社区位于锦江区拱背桥27号，面积约0.2平方千米，其最具代表性的地标合江亭位于府河与南河交汇处，两江风物，尽收眼底。此地曾是官民宴饮，市井游玩的热闹场所。水井坊社区隶属于锦江区水井坊街道辖区，是成都四大历史文化街区之一，面积约0.3平方千米。辖区有著名的水井坊博物馆，藏着世界上最古老的酿酒作坊，从这里起源的蜀酒文化传承至今。东升街社区地处成都市最繁华的中心城区，占地约0.12平方千米。东升街、三圣街、耿家巷……隐藏在市中心的一条条街巷，保存着老成都人的生活印记……

总府路社区党群服务中心

二、活动目标

通过前期学习，让学生认识社区的基本功能。走进身边的社区，通过社区工作者的讲解和对居民的采访，让学生了解社区人口、管辖区域、治理目标、基本职能等各方面内容。在学习社区基本知识的过程中，提高学生的公共参与意识。

通过宣传社区安全、关爱社区老人、整理社区图书馆、为社区增添植物等形式的志愿服务活动，提高学生的沟通能力和社会调查能力，让学生在实践中增长才干，增强主人翁意识，培养社会责任感和公共参与能力。

让学生在走进社区的基础上深度体悟、发掘社区工作问题，并试图解决问题，形成改进方案。培养学生发现问题、分析问题和解决问题的能力，培养学生的创新思维和动手能力等综合素养，养成亲社会行为。

三、活动准备

（一）问题探究

主问题：如何为社区治理谋思路？

子问题1：我身边的社区是什么样的？

子问题2：我们可以为社区做什么？

（二）前期准备

1. 学生准备

根据本次活动的目的和安排，查阅资料了解社区的相关知识，完成社区基本情况调查，提出疑问，并在走进社区的过程中解决疑问。

2. 教师准备

提前与学校附近的社区联系接洽，确认活动时间、社区可提供的资源、学生参与方式与人数限制；确定各班走进的具体社区，进行班级分组，实行组长负责制；道德与法治课老师利用道德与法治课堂讲解社区的相关知识，让学生了解社区的基本功能和重要性。

四、活动过程

（一）活动流程

流程一	组织学生集合，强调安全要求及文明礼仪，带领学生走进社区
流程二	探究社区，为社区服务
流程三	组织学生返校，做活动总结
流程四	学生完成书面类的成果，进行展示

（二）活动探究

1. 我了解的社区

学生在活动前，自行查阅相关资料，形成对所走进社区的前期了解；在走进社区的活动中，通过社区工作人员的讲解和采访居民，深度了解社区的基本情况并做好记录。

水井坊社区

社区名称		
调研问题	内容	负责人
本社区的治理目标		
本社区的发展变迁		
本社区的人口、管辖区域		
本社区可以为我们提供哪些服务		
本社区的职能水平（服务程度与服务能力）		
本社区的工作亮点		
本社区可以改进之处（最终形成书面报告）		

2. 我为社区做贡献

学生结合调研，根据社区需要和实际情况，拟定为社区进行志愿服务的内容；在走进社区的过程中，承担社区责任，进行社区志愿服务活动，在实践中增长才干。

小组名称	
服务人数	
服务内容	
服务过程	
服务评价	

（三）活动评价

评价内容	评价标准	自我评价	小组评价	老师评价
活动态度	积极热情主动 ★★★★			
	积极热情但欠主动 ★★★			
	态度一般 ★★			
	态度差 ★			
团队协作	团队协作意识强、任务完成好 ★★★★			
	团队协作意识较强、任务完成较好 ★★★			
	团队协作意识与任务完成一般 ★★			
	团队协作意识与任务完成较差 ★			
活动过程	活动分工明确、高效有序，清洁卫生情况好 ★★★★			
	活动有分工且较有序，清洁情况不错 ★★★			
	秩序、清洁情况一般 ★★			
	秩序、清洁情况较差 ★			

文明礼仪	校服整洁、用语文明、彬彬有礼 ★★★★			
	校服干净、用语文明 ★★★			
	着装整洁度与用语文明情况一般 ★★			
	着装整洁度与用语文明情况较差 ★			
活动成果	活动成果突出，富有创新性 ★★★★			
	有一定成果，且质量较好 ★★★			
	活动成果一般 ★★			
	成果质量不好 ★			
通过自我评价，我得到了_____颗星；通过小组评价，我得到了_____颗星；通过老师评价，我得到了_____颗星；我累计得到了_____颗星				
活动反思				

五、活动成果

完成了社区基本情况调查，完成了小组志愿服务记录，结合活动调研中发现的各社区工作中的不足，提出了解决思路与方法，最终形成了书面报告。

六、活动拓展

在活动中，深度思考社区工作，可从个人、社区、政府、国家等方面来谈社区建设，形成小提案。

希望牧场探奶源　健康安全促成长

一、知识一览

四川新希望乳业是集奶牛养殖、乳品加工、产品销售为一体的大型乳制品企业，成立于 2004 年，位于成都锦江工业园区。

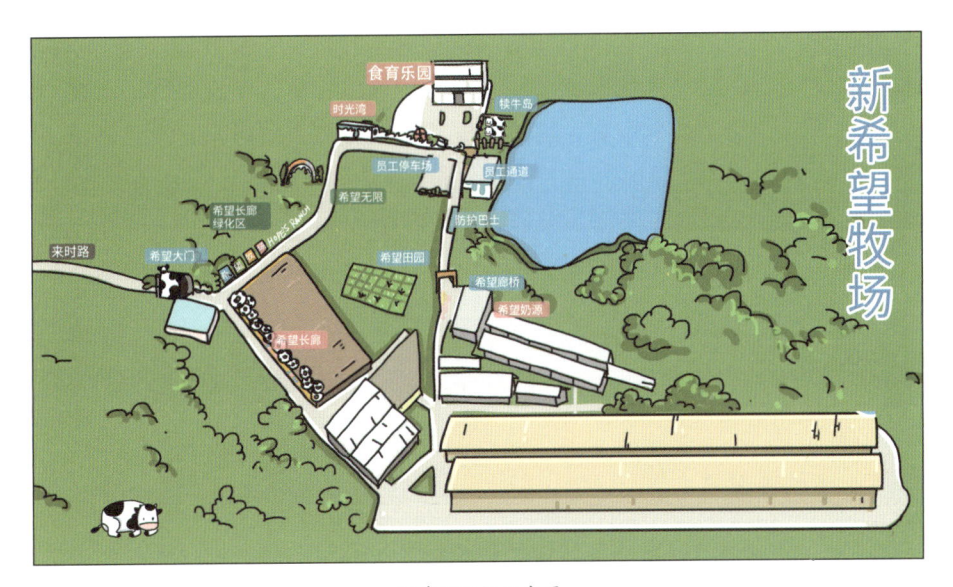

新希望牧场示意图

学生走进新希望牧场，开启一场鲜活的探"鲜"之旅，走入生态与智慧并存的现代化牧场，感受先进科技对于奶牛健康及牛奶品质的影响。牧场开设"透明工厂游"活动，通过寓教于乐的方式为学生带来一次又一次生动鲜活的食育课堂。在这里，学生们可以通过一扇扇透明的玻璃窗和各种趣味小游戏，了解牛奶灭菌以及检测的工艺，在现代化工厂中见证牛奶的诞生；学生们还可以来到牛奶产业链的上游，亲身参与"感受奶牛的生活环境""探索奶牛的产奶秘密""亲手挤出牛奶"等鲜活体验项目。通过这样的体验，学生们丰富了知识，拓宽了视野，培养了崇尚科学、尊重技术的意识，社会责任感也明显增强。

二、活动目标

通过参观新希望牧场，熟悉奶牛的生活环境，体验牧场挤奶员挤奶的方法、技巧，提高学生的动手能力和社会参与能力以及团队协作能力。同时，以劳动的过程让学生明白食物来之不易，培养学生珍惜粮食、爱惜粮食的良好品质，为响应国家"光盘行动"的号召奠定坚实的认知基础。

通过新希望牧场工作人员的介绍，让学生了解新鲜牛奶的制作过程以及在过程中如何保证牛奶品质和人体所需要的营养物质、牛奶加工过程中灭菌和保存的方法，提升学生观察事务和抓取重要信息的能力。同时，让学生认识消费者的监督对于食品安全保障的重要性，增强学生作为公民的社会责任感。

结合奶制品的科普知识讲解和知识问答互动，让学生在知识竞赛中深刻认识牛奶中的营养物质对人体的作用，帮助学生建立科学的饮食习惯，养成健康的生活方式。

三、活动准备

（一）问题探究

主问题：探究牛奶背后的秘密。

子问题1：奶牛生活环境对牛奶品质有哪些影响？

子问题2：为什么挤出的新鲜牛奶需要加工才能饮用？

子问题3：你知道牛奶能够带给人体哪些营养物质吗？

（二）前期准备

1. 学生准备

探访超市，收集资料，了解目前市场上的成品牛奶类型及其配料。

人与社会

2. 教师准备

利用课堂时间讲解人体所需的营养物质及其对人体的作用,并介绍这些营养物质主要的食物来源。

四、活动过程

(一)活动流程

流程一	组织学生集合,强调安全要求及文明礼仪,乘车前往新希望牧场
流程二	学生参观奶牛的生活场所
流程三	学生亲手挤牛奶
流程四	学生了解牛奶的科普知识,并与讲解员进行互动,回答问题
流程五	组织学生返校,做活动总结,完成"走进企业"体验活动小报

奶牛宝宝饲养园

食育乐园

（二）活动探究

1. 探秘牧场奶源

通过实地考查、亲身体验挤牛奶和信息检索，学生分析并记录在其他因素相同的条件下，下列因素对牛奶品质的具体影响。

主要因素	具体影响
气候	
饲料	
挤奶技术	

2. 见证新鲜牛奶的加工

聆听讲解员介绍，学生记录新鲜牛奶杀菌的目的、原理和新鲜牛奶储存方法。

项目	内容
新鲜牛奶杀菌的目的	
新鲜牛奶杀菌的原理	
新鲜牛奶的储存方法	

人与社会

3. 认识牛奶与健康

（1）倾听讲解员介绍牛奶的科普知识，学生了解并记录新希望乳业不同成品牛奶之间的营养成分。

牛奶类型	营养成分
常温牛奶	
低温酸奶	
常温酸奶	
低温鲜奶	

（2）根据参观学习，小组交流并讨论牛奶是否真的能促进长高。

（三）活动评价

活动阶段	评价标准（共100分）	自我评价	小组评价	老师评价
活动中	积极参与活动，主动参与问答、互动、体验环节（25分）			
	小组分工明确，讨论充分、团结合作（20分）			
	听从老师的安排，保持良好纪律（15分）			
活动后	体验活动报告按要求完成相关问题，逻辑清晰，语言流畅（40分）			
	合计得分			

五、活动成果

"走进企业"体验活动小报。

六、活动拓展

查阅资料，了解纯牛奶、调制乳、含乳饮料等饮品的区别。

查阅资料，了解一般情况下少年、青少年、成年和老年人四种不同人群对奶制品的饮用需求。

参与庭审零距离　感受法律真魅力

一、知识一览

成都市锦江区人民法院位于锦江区工农院街 90 号。在全面推进依法治国的今天，青少年作为法治教育的主要对象之一，其法治意识的建立和形成直接体现我国普法教育的成效。在当前的学校法治教育之中，对于学生的法治教育主要体现在课堂教学上，采用的法治教育形式较为单一。为提高学校法治教育的效率，拓宽学校法治教育的路径，增强学生学习法律的积极性，提高学生用法律解决实际问题的能力，学道分校借助周边可用资源，积极与所在区域法院进行联系，让学生走出去，走进庭审现场，亲身体验法律的魅力。

二、活动目标

落实《青少年法治教育大纲》，将法治教育纳入学校课程体系，借助普法教育的社会资源，积极与所在区域法院进行联系，让学生亲身观摩一场案件审理，切实了解审判机关的职责。通过对法院的参观，与法院工作人员的交流，使学生形成基本的法律常识，养成一定的法律素养。

通过了解庭审的相关程序、参与庭审的各个主体的职责，熟悉我国审判机关行使审判权的方式，让学生初步树立维护司法公正、崇尚法律权威的意识。观摩学习之后，通过对审理流程的梳理、对案件的分析、对法律相关规定的解释，让学生养成学法、尊法、守法、用法的习惯和能力。

通过对审判案件的讨论和分析，让学生了解我国法律适用的相关知识，明确是非观念，提高自律能力，养成遇到问题会找法、解决问题会用法的能力和素养，使其初步具备运用法律知识维护合法权益、参与社会生活的能力，促进青少年健康快乐的成长和发展。

三、活动准备

（一）问题探究

主问题：如何用法律维护公平正义？

子问题1：庭审的基本流程有哪些？观摩本次庭审，你获得了哪些启示？

子问题2：在生活当中遇到哪些情况需要依靠法律途径解决？

（二）前期准备

1. 学生准备

通过查阅相关资料，了解我国的司法机关及其职责；了解诉讼作用和地位，熟悉诉讼的基本流程，梳理在公开审理的案件中可能会涉及的诉讼参与人员，阐述这些人员在诉讼中的职责。

诉讼参与人员	职责分析
审判长	
审判员	
书记员	
公诉人（原告）	
辩护人	
被告	
证人	
法警	
其他诉讼参与人	

2. 教师准备

提前一周为学生介绍锦江区人民法院的基本情况，要求学生查阅相关资料，了解法院基本职能，在我国司法体系中处于什么样的地位、扮演什么样的角色，与我们的日常生活有哪些关系。为学生提前介绍庭审案件，讲解审判案件会涉及的一系列法律知识，帮助学生进行一定的前置学习，让学生对"疑罪从无""未经审判，不得定罪"等法律原则和理念有充分认知。联系接洽法院，确定学生参观的时间、具体地点与观看的庭审案件。

三、活动过程

（一）活动流程

流程一	组织学生集合，强调安全要求及文明礼仪，前往锦江区人民法院
流程二	有序参观法院，了解法院各部门的相关情况
流程三	开展"亲临法庭学法律"活动并记录本次庭审案件中的重要环节
流程四	向法院相关人员进行提问，解决疑惑
流程五	组织学生返校，做活动总结

（二）活动探究

1. 亲临法庭学法律

通过本次活动，学生梳理并记录庭审的一般程序，熟悉各个环节需要做什么，每个环节是如何保障公民权利、彰显法律权威的。

日期		地点	
庭审的案件			
本案的参与人员			
审判流程图			
流程一			
流程二			
流程三			
……			
本案涉及哪些法律法规？			

以上法律规定还会在哪些常规案件中适用？	
通过本次活动，你收获了什么？（可从法律知识、法律运用方面来阐述）	

庭审是一个复杂的攻防过程，控辩双方你来我往，各执一词，控辩过程跌宕起伏。请学生梳理出这次庭审案件中的重要环节，并阐述原因。

你认为的重要环节	原因

庭审案件中会涉及许多法律专业问题，会对案件有一定的法律解释。在观看庭审的过程中还有哪些疑问？请学生梳理出来，向专业人士请教吧！

疑问	解答

2. 参与法治实践

请学生梳理一些生活中的典型案例，尝试分析这些案例可以依靠哪些法律途径得到有效解决。

案例	适用的法律途径

（三）活动评价

评价内容	评价标准	自我评价	小组评价	老师评价
活动准备	准备充分 ★★★★ 准备较充分 ★★★ 准备不充分 ★★ 无准备 ★			
活动记录	记录内容详实 ★★★★ 记录内容较详实 ★★★ 记录内容详实度一般 ★★ 记录内容详实度差 ★			
问题质疑	质疑问题清晰 ★★★★ 质疑问题较清晰 ★★★ 质疑问题一般 ★★ 质疑问题差 ★			
活动成果	活动有成效 ★★★★ 活动较有成效 ★★★ 活动成效一般 ★★ 活动成效差 ★			

通过自我评价，我得到了_____颗星；通过小组评价，我得到了_____颗星；通过老师评价，我得到了_____颗星；我累计得到了_____颗星

活动反思	

五、活动成果

通过前置学习，学生熟悉了诉讼参与人员及其职责，对诉讼有了基本认知；通过观看庭审，学生记录了庭审中的精彩环节，对庭审活动发出了有效质疑并解决了问题，提高了学生的法治实践能力。

六、活动拓展

审判机关审判案件以事实为依据，以法律为准绳，最终的判决都依赖于证据和相关的法律解释，请你选择一个你感兴趣的案件和角色（角色可以选择法官、陪审员、原告及其代理人或公诉人、被告及其辩护人、证人等），从选择的角色出发，对该案件进行相关的举证、质证或者法律解释。

案件	选择的角色	举证、质证或法律解释

迈进魅力科技馆 "问""寻""生"中去体悟

一、知识一览

四川科技馆由原四川省展览馆改建而成，位于成都市中心天府广场北侧，恰处成都市中央商务区中的文化博览区，展示面积约 2.5 万平方米，一楼至三楼分别以"三问""三寻""三生"为主题，共设 16 个展区、展陈 360 件（项）展品。此外，还设有 4D 影院、飞向未来剧场、机器人剧场、生命起源剧场 4 个特色剧场。四楼的"美科新未来学院"作为一楼到三楼常设展区的有益补充，进一步完善了四川科技馆科普教育的功能。

科技改变生活，生活因科技而精彩！保持对事物的好奇心，你一定能获得更加广阔的视野，也必将走得更远。

四川科技馆

二、活动目标

通过走进四川科技馆，参观科技馆"三问""三寻""三生"三层场馆，积极参与互动项目，让学生充分感受科技的奇妙，激发学生对科学的兴趣。

观察科学现象，结合科技馆中相关科学知识的介绍，让学生体悟科学现象背后的科学道理，了解科学知识。联系生活实际，解释科学现象，培养学生应用科学知识解决实际问题的物理学科核心素养。

分组完成科学创作，提升学生小组合作能力。培养学生科学创新意识，培养学生将科学知识应用到生活中去的能力，体现自然科学的"从生活中来，到社会中去"的学科理念。

三、活动准备

（一）问题探究

主问题：如何让科技走向生活、服务生活？

子问题1：四川科技馆中你印象最深刻的奇妙现象是什么？通过观察与体验，结合你的思考，你了解到了什么科学知识？

子问题2：根据你了解到的科学知识，你能联想到生活中还有哪些事例？你有什么好的创意？

（二）前期准备

1. 学生准备

查阅资料，了解四川科技馆的概况。各个小组按照活动分工方案，完成本小组的任务分配。准备拍摄设备，做好过程记录，完成活动探究。

2. 教师准备

首先将学生以班为单位分成3个大组，编排好参观3个主题楼层的顺序；然后在班级内将学生分成8人小组，制定班级小组成员分工方案；最后介绍场馆中的展厅分布，强调参观注意事项。

四、活动过程

（一）活动流程

流程一	组织学生集合，强调安全要求及文明礼仪，乘车前往四川科技馆
流程二	学生分小组参观、体验，完成活动探究
流程三	组织学生返校，做活动总结

（二）活动探究

1. 发现科学的奇妙 探索科学的奥秘

学生至少体验 5 个感兴趣的项目，记录印象最深刻的主题展厅、体验活动、观察到的现象及其科学原理。

主题展厅	
体验活动	
观察到的现象及其科学原理	

2. 科技服务你我他 科学原理我来话

通过观察与体验，结合了解的科学知识，请学生想一想生活中还有哪些事例与之相关。小组讨论分工，录制一段视频介绍体验项目并讲解该项目在生活中的应用。

小组分工人员	录制	文案	演示员	配音	后期剪辑	资料收集
项目名称						
体验过程（图片、视频）						

项目介绍（相关原理、学科知识等）	
体验后的感悟	
生活中的应用	

人体导体演示装置

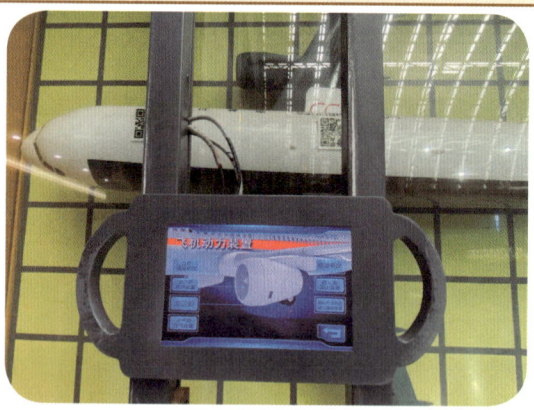

飞机动力演示装置

光纤通信演示装置

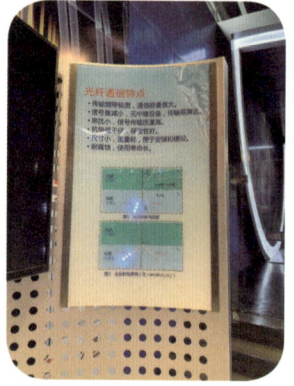

静电感应体验项目

（三）活动评价

评价内容	评价标准	自我评价	小组评价	老师评价
参与程度	善思、善问、善动手、积极发现问题，勇于解答问题，表达能力强 ★★★★★ 主动参与，积极思考，善于发现问题，参与解答问题 ★★★★ 能完成基本的任务，发现问题和解决问题 ★★★ 能发现问题，但解答问题能力一般 ★★ 参与意识不够 ★			
合作意识	合作意识强，合作氛围较好，与别人共同提高，有学习效果 ★★★★★ 能与他人合作，并积极帮助有困难的同学学习 ★★★★ 能和小组成员合作，完成小组分配的任务 ★★★ 有合作意识，但总结能力不强 ★★ 不能很好地与他人合作 ★			
探究活动	能主动发表自己的探究想法，能挖掘事物本质规律性的东西，并能探寻出事物之间、知识之间的内在联系，从而达到较深刻的理解 ★★★★★ 参与全部探究过程，对探究事物的本质有一定的认识 ★★★★ 不能深入探究事物的本质，认识较肤浅及对事物与他事物内在联系理解不够深刻 ★★★ 理解肤浅、认识模糊 ★★ 未理解 ★			

通过自我评价，我得到了＿＿颗星；通过小组评价，我得到了＿＿颗星；通过老师评价，我得到了＿＿颗星；我累计得到了＿＿颗星	
活动反思	

五、活动成果

体验项目的介绍视频。

六、活动拓展

我是小小"科学家"：学生自由组成小组，设计一个科技小制作，并完成制作报告。

小组成员	
作品名称	
设计意图	
科学知识	
设计过程	
作品展示	

后记 HOUJI

一本行动的指南

个人与社会的实践向来被人们所重视,尤其是教育工作。利用身边一切的物质文化生活来启发受教者,丰富其精神生活,这是推进思想文明潜移默化的有益手段。

思想与文化是社会的产物。在个人求学求问的纯粹角色(学生)阶段,个人如何以开放的心态审视我们的文化,感受我们的文化?这就需要个人在尊重客观的基础上,知行并进,躬身实践,勤奋笔耕,尤其要注重对生活中活生生的现实问题进行思考与解决。

中外的思想者多倡导于实践中发现新材料,形成新思想。明代著名思想家方密之先生说:"有行前之知,有行时之知,有行后之知。"列宁说:"生活与实践,应该是认识论的第一个根本观点。"美国当代著名哲学家玛莎·努斯鲍姆说:"一旦将自己的思想视为己任,人们就更有可能将自己的行为视为己任。"《走遍成都》告诉我们读书重要,实践更重要,有实行才有实学与真知。

《走遍成都》在"走遍"的行动中,对社会的关怀,对历史的寻访,对典范的崇敬,对普通的认同等多种至关重要的素养的培养就有了起点。

知行有别,行有强力。陶行知认为,真教育必须与现实格斗;努斯鲍姆认为,教育必定是一种战斗。它要为了人的发展与自身消沉下坠的意识,以及社会环境中不利的因素作斗争。在"走遍"计划里,我们看到问题的解决往往牵涉很多知识和技能,室内课堂或能对其概而论之,但长远看来,困惑依然存在,所以,下定决心走出课堂,"走遍"社会是唯一路径。这种依靠自身能力,结合理论与实践的学习,是自发自主的,质疑精神、实验精神、求证精神在悄然间成为个人品质中重要的基石,从而影响个人的生活方式,乃至促成一种积极的、健康的学习观、择业观与人生观。

培养具有人文底蕴与公民素质的人,是个繁重而复杂的工程,在学校阶段它需要借助语文、数学、历史、地理、道德与法治等多学科的跨学科研究成果。

《走遍成都》让我们看到在学道分校这些学科是互相影响互相促进的存在，它的教学方法是使学生走近生活的课堂，观察我们赖以生活的家乡（城市），以做实验的态度从认识、使用静态材料、动态材料的过程中培养一种认识能力与动手能力。与传统学习模式不同，这类课程以文化体验为基础，以学生的实践为主导，能使学生在接触与加工知识材料与物质材料的基础上产生个人的认识与思想，而非照搬已有的别人的内容。

陶行知说："处处是创造之地，天天是创造之时，人人是创造之人。"创造力是进步的特征，发明的特征。学道的这一成果在成书以前，已经有多年的实践历程，积累了极为广博的经验，此番成书，正是"务实而戒虚，谋定而后动"。

早在2020年夏，学道分校即就此集中整理提炼，2021年夏，再次汇聚修改完善。到了临近交稿时，教师们还在反复研读推敲。两次与学道教师共同完成的集中编撰、修改，让我们感受到学道教师治学的严谨。时下，许多学校都在做成果的提炼和著作的撰写工作，这些成果和著作不仅记载了学校发展的思路，还促进了学校办学品质的提升。两次编撰、修改，学道教师提出了具体的建议，使得这本书渐臻完善，自成体系。

本书中，学道师生"行至"的地方、讨论的问题非常广泛，从古蜀到现世，从科技到人文。作为探寻者的学生，在自主的实践中观察、记录、分析、思考，连接了个人、社会、国家的前途命运。这样的社会行动已经引起了广泛的社会关注，不少学校慕名前来交流。学道经验对中学实践教学产生了较大影响。足见学道是一所有行道精神的学校。相信本书出版对于提炼弘扬行道精神大有裨益！

"人生意义只在无尽止的过程上。"

《时代教育·行知纵横》副主编
"大成陶书"副总编辑
邱滋培